En circuit fermé

DU MÊME AUTEUR

ROMANS, RÉCITS ET CONTES

Contes pour buveurs attardés, Éditions du jour, 1966
La Cité dans l'œuf, Éditions du jour, 1969
C't'à ton tour, Laura Cadieux, Éditions du jour, 1973
Le Cœur découvert, Leméac, 1986
Les Vues animées, Leméac,1990
Douze coups de théâtre, Leméac,1992
Le Cœur éclaté, Leméac, 1993
Un ange cornu avec des ailes de tôle, Leméac/Actes Sud, 1994

CHRONIQUES DU PLATEAU MONT-ROYAL

La Grosse femme d'à côté est enceinte, Leméac, 1978
Thérèse et Pierrette à l'école des Saints-Anges, Leméac, 1980 ; Grasset, 1983
La Duchesse et le roturier, Leméac, 1982 ; Grasset, 1984
Des nouvelles d'Édouard, Leméac, 1984
Le Premier quartier de la lune, Leméac, 1989

THÉÂTRE

Les Belles-sœurs, Leméac, 1972
En pièces détachées, Leméac, 1970
Trois petits tours, Leméac, 1971
À toi pour toujours ta Marie-Lou, Leméac, 1972
Demain matin, Montréal m'attend, Leméac, 1972
Hosanna suivi de *La Duchesse de Langeais*, Leméac, 1973
Bonjour là, bonjour, Leméac, 1974
Les Héros de mon enfance, Leméac, 1976
Sainte Carmen de la Main suivi de *Surprise ! Surprise !*, Leméac, 1976
Damnée Manon, sacrée Sandra, Leméac, 1977
L'Impromptu d'Outremont, Leméac, 1980
Les Anciennes Odeurs, Leméac, 1981
Albertine en cinq temps, Leméac, 1984
Le Vrai Monde ?, Leméac, 1987
Nelligan, Leméac, 1990
La Maison suspendue, Leméac, 1990
Le Train, Leméac, 1990
Marcel poursuivi par les chiens, Leméac, 1992
Théâtre I, Leméac/Actes Sud Papiers, 1991

ADAPTATIONS (THÉÂTRE)

Lysistrata (d'aprés Aristophane), Leméac, 1969, réédition 1994
L'Effet des rayons gamma sur les vieux garçons (de Paul Zindel), Leméac, 1970
Et Mademoiselle Roberge boit un peu (de Paul Zindel), Leméac, 1971
Mademoiselle Marguerite (de Roberto Athayde), Leméac, 1975
Oncle Vania (d'Anton Tchekov), Leméac, 1983
Le Gars de Québec (d'après Gogol), Leméac, 1985
Six heures au plus tard (de Marc Perrier), Leméac, 1986
Premières de classe (de Casey Kurtti), Leméac, 1993

MICHEL TREMBLAY

En circuit fermé

LEMÉAC

Données de catalogage avant publication (Canada)

Tremblay, Michel, 1942-
En circuit fermé
(Théâtre)
ISBN 2-7609-0351-6
I. Titre.

PS8539.R47E52 1994 C842'.45 C94-941138-8
PS9539.R47E52 1994
PQ3919.2.T73E52 1994

Illustration de couverture : Christine Battuz

ISBN 2-7609-0351-6

1124, rue Marie-Anne Est, Montréal (Qc) H2J 2B7
Dépôt légal Bibliothèque nationale du Québec, 3e trimestre 1994

PIQUES, ÉPIQUE ET ANTI-ÉPIQUE

Au printemps 1993, la directrice artistique du Théâtre du Nouveau-Monde, Lorraine Pintal, annonçait un concours de pièces épiques. Intrigué par ce projet, Michel Tremblay s'interroge sur la possibilité d'écrire du théâtre épique aujourd'hui et en vient rapidement à l'idée qu'il lui est impossible d'entrevoir une pièce moderne qui ferait la louange des gens et des aventures héroïques. La seule pièce possible ne serait-elle pas une anti-épopée, des anti-aventures et des anti-héros, des gens qui n'exercent pas leur pouvoir mais plutôt seulement leur abus de pouvoir, dont l'héroïsme tiendrait plus du ridicule et de la corruption que de la suite d'aventures sublimes et exemplaires?

Les mots ont remplacé les coups d'épée, le monde des héros est devenu celui de la télévision d'État, les invectives personnelles sont devenues des dénonciations en enfilade, les règlements de compte des coups de jarnaque entre deux renvois d'ascenseurs. L'épique ne s'en porte que mieux et les spectateurs ont applaudi à l'exercice.

Car en plus, Michel Tremblay visait juste au cœur d'un abcès qu'il connaissait bien : le dramaturge ayant engendré une pièce-pamphlet, une charge à fond de train contre la médiocrité du milieu qui contrôle la programmation de la télévision d'État, celui qui la critique, et celui qui s'y enrichit aux dépens des contribuables. Dévoilant les jeux de coulisse et les manœuvres politiques des têtes dirigeantes, leurs guerres de pouvoir intestines et les pots-de-vins qu'ils reçoivent, leur ambition personnelle et *l'aplaventrisme* de leurs collaborateurs, Michel Tremblay faisait voler bas les couteaux et les piques de ces anti-chevaliers de la bravoure et de l'honneur.

Quand les personnages de cette pièce se réveilleront du cauchemar qu'ils vivent, ils se rappelleront bien assez vite qu'« à vaincre sans péril, on triomphe sans gloire »...

PIERRE FILION

PERSONNAGES

GASTON BERGEVIN,
directeur sortant de la section française d'une chaîne de télévision nationale... ...... Gérard Poirier

SONIA BERGEVIN,
sa femme .... Monique Joly

ROBERT « BOB » BEAULIEU,
son meilleur ami .... Gilles Renaud

NELLIGAN BEAUGRAND-DRAPEAU,
son successeur .... Denis Mercier

SYBILLE BERGER,
sa maîtresse .... Diane Lavallée

AMANDA GARIÉPY,
sa critique .... Amulette Garneau

MARCO,
son caméraman .... Michel Poirier

CAROLE,
sa secrétaire .... Danielle Lorain

Cette pièce de théâtre a été présentée pour la première fois le 9 mai 1994, au TNM, lors d'une lecture publique, sous la direction de René Richard Cyr.

Gaston Bergevin, directeur sortant de la section française d'une station de télévision nationale, s'adresse à son successeur, Nelligan Beaugrand-Drapeau, qui entrera en fonction le lendemain.

GASTON BERGEVIN. Y faut jamais oublier une chose, mon p'tit Beaugrand-Drapeau : c'est que tu t'adresses d'abord et avant tout à un peuple de Ti-Coune ! Un peuple de Ti-Coune ! Y z'aiment juste ce qu'y connaissent et y connaissent pas grand-chose !

Nelligan Beaugrand-Drapeau fait un petit geste de protestation, mais Gaston Bergevin ne le laisse pas parler. Il est évident que Gaston Bergevin fait son important pour en imposer à l'autre.

GASTON BERGEVIN. Je sais, tu vas me dire que chuis cynique et c'est vrai. Mais laisse-moi te dire que j'ai enduré assez longtemps le poste que tu t'apprêtes à occuper...

NELLIGAN BEAUGRAND-DRAPEAU. Enduré ?

GASTON BERGEVIN. Oui, oui, enduré, laisse-moi parler... Penses-tu que tout ça est une sinécure ? Tu restes pas installé là pendant des années sans finir par penser que t'es en enfer, mon p'tit gars, en enfer ! Et fais-moi pas ce sourire-là ! Quand t'auras passé deux ou trois ans ici, tu vas comprendre c'que je veux dire ! C'est pas parce que t'as la chance d'avoir du sérieux *pushing* dans le nouveau gouvernement que ça va te préserver des problèmes ! J'en avais, moi aussi, du *pushing*, et j'en ai quand même eu, des problèmes ! Le *pushing*, c'est bon jusqu'à ce que tu sois installé derrière ton bureau... Après ça, débrouille-toi, mon p'tit gars, y se rappellent plus de toi ! Qu'est-ce que je disais, là... Ah oui !... R'garde bien le bureau derrière lequel tu vas t'installer à partir de demain matin neuf heures... C'est une belle grande table de verre devant une belle grande fenêtre panoramique donnant sur la plus belle partie de la ville, c'est chic, c'est moderne, c'est impressionnant. Mais laisse-moi te dire qu'une fois installé dans ton beau bateau lumineux et shiné du dix-huitième étage, tu vas entendre les choses les plus ridicules, les plus pitoyables, les plus pathétiques imaginables... Diriger une station de télévision, mon p'tit gars, c'est avoir affaire d'un côté à une gang de têtes folles pis de tèteux qui sont prêtes à tout pour te plaire parce que c'est à travers toi qu'elles peuvent réussir, et de l'autre à un peuple de Ti-Coune, j'y reviens, comme tu vois, qui va gober tout c'que tu vas lui servir à condition que tu le bouscules pas trop ! Tu m'entends bien ? *À condition que tu le bouscules pas trop !* Donnes-y ce qu'y connaît déjà, dérange-le pas trop dans sa contemplation, dans sa nostalgie de son passé plus ou moins récent, parce que c'est tout ce qui l'intéresse, et tu vas passer à travers à peu près n'importe quoi ! Je le sais, je l'ai fait pendant tout le règne du gouvernement sortant !

NELLIGAN BEAUGRAND-DRAPEAU. Il va s'habituer à autre chose si on lui donne autre chose... Il va apprendre à cultiver sa curiosité si on lui en donne l'occasion...

GASTON BERGEVIN. Tu feras bien ce que tu voudras de mes conseils, mais laisse-moi te dire que la télévision est pas l'endroit où tu vas changer le monde ! J'te connais de réputation, tu sais, j'ai lu les interviews que t'as commencé à donner ici et là, j't'ai vu faire ton intelligent et ton intense aux nouvelles de six heures et à celles de dix heures, et même à celles du petit matin que personne regarde (est-ce que tu sais que la cote d'écoute des nouvelles du matin à notre vénérée télévision d'État est de zéro virgule zéro?), et laisse-moi te dire que tu m'as bien fait rire avec tes bonnes résolutions et tes projets révolutionnaires! À t'entendre parler, les Ti-Coune attendaient ton arrivée comme celle du Messie qui allait leur donner la télévision qu'y méritent! Ben laisse-moi te dire que la télévision qu'y méritent, y l'ont déjà! Pis on sait tous, ici, tes chefs de sections les premiers, comment t'as été nommé, alors viens pas jouer les révolutionnaires dans une boîte qui a connu plus coriace que toi!

Nelligan Beaugrand-Drapeau veut protester, mais l'intercom sonne depuis déjà un bon moment et Gaston Bergevin choisit ce moment pour le décrocher.

GASTON BERGEVIN. Oui, Carole?

VOIX DE LA SECRÉTAIRE. Les journalistes ont déjà commencé à arriver, monsieur Bergevin, et la salle de réception est déjà pleine.

GASTON BERGEVIN. Est-ce que les chefs de sections sont tous là?

VOIX DE LA SECRÉTAIRE. Ça a l'air que oui...

GASTON BERGEVIN. Est-ce que le buffet est installé?

VOIX DE LA SECRÉTAIRE. Ben... oui, sûrement...

GASTON BERGEVIN. Ben, qu'y se bourrent en m'attendant. De toute façon, les journalistes, c'est tout ce qui les intéresse, le buffet ! Ma dernière saison, y la connaissent déjà par les communiqués qu'on leur a envoyés, non ?

VOIX DE LA SECRÉTAIRE. Oui, mais j'pense que c'est vous qu'y veulent voir, aujourd'hui... Faut les comprendre, vous vous en allez...

GASTON BERGEVIN. Est-ce qu'Amanda Gariépy est arrivée ?

VOIX DE LA SECRÉTAIRE. Non. Vous savez bien qu'elle arrive toujours la dernière.

GASTON BERGEVIN. Ben dérangez-moi pas tant qu'elle sera pas arrivée ! J'parle avec mon successeur, Carole, votre futur patron ! (Avec un clin d'œil à Beaugrand-Drapeau.) Enfin, si y vous garde ! On sait jamais, hein, ces jeunes-là sont pas toujours intéressés aux vieilles picouilles !

VOIX DE LA SECRÉTAIRE, *plutôt froidement.* Vous pouvez lui parler cet après-midi, à votre successeur !

GASTON BERGEVIN. Dites-leur, en bas, de commencer la projection des extraits d'émission sans moi, j'parlerai aux journalistes après. Ça va les tranquilliser pour une petite heure. Ça et la bouffe. Et l'alcool.

NELLIGAN BEAUGRAND-DRAPEAU. On peut remettre ça à demain, monsieur Bergevin !

GASTON BERGEVIN. J'ai pas fini de te parler ! Et demain j'vais être parti ! C'est encore moi le patron, non ? Personne m'a jamais empêché de parler depuis huit ans, ça commencera pas le jour où je pars ! Pis que les chefs de sections s'occupent des journalistes, un peu, ch'pas obligé de tout faire, ici ! J'l'ai quand même pas décidée tout seul, cette saison plate-là !

NELLIGAN BEAUGRAND-DRAPEAU. J'pense que je sais tout c'que vous allez me dire, monsieur Bergevin...

GASTON BERGEVIN. Écoute-moi quand même ! D'un coup que j't'étonnerais ! Vous avez entendu, Carole ? Pis laissez faire la projection, faut attendre que la grosse Gariépy arrive. Après tout, c'est juste pour elle qu'on a tout préparé ça, non ? C'est elle qu'y faut séduire, ben qu'y attendent, en bas ! Qu'y parlent entre eux, qu'y mangent, qu'y parlent contre moi, tiens, ça me dérange plus ! Y me prendront quand j'arriverai !

Il ferme brusquement l'intercom.
Il repèse sur le bouton.

GASTON BERGEVIN. Pis y attendront monsieur Beaugrand-Drapeau, aussi. *(À Beaugrand-Drapeau.)* Faut apprendre à se faire respecter... Fais-les sécher, un peu, y vont te respecter plus... Les journalistes autant que tes employés.

NELLIGAN BEAUGRAND-DRAPEAU. Même Amanda Gariépy ?

GASTON BERGEVIN. Elle, elle respectera jamais rien, de toute façon... Quoi que tu fasses, tu vas avoir tort, faut t'habituer tout de suite... Où est-ce que j'en étais ?

NELLIGAN BEAUGRAND-DRAPEAU. J'avoue que j'm'en souviens pas...

GASTON BERGEVIN. Ah oui! je parlais de toi, de tes performances dans les médias électroniques! Laisse-moi te dire une chose, mon p'tit gars, fais pas trop de promesses en l'air pour rien, là...

NELLIGAN BEAUGRAND-DRAPEAU. C'est pas des promesses en l'air, j'ai vraiment l'intention de changer beaucoup de choses ici! Et j'ai pas peur de le dire devant vous: la télévision, sous ma gouverne, va changer de poil, c'est tout ce que j'ai à vous dire!

GASTON BERGEVIN. Voyons donc! Chus pas tombé avec la dernière pluie! J'ai déjà vu du monde faire des promesses douteuses avant aujourd'hui! J'en ai moi-même fait quelques-unes, pis des pas piquées des vers à part de ça! Tu parles comme un chef de gouvernement pendant sa brosse la nuit après ses élections, quand y se met lui-même à croire à ses promesses électorales, même les plus ridicules! Attends de connaître avec qui tu vas avoir à travailler avant de parler, mon p'tit gars, attends de voir *pour qui* tu vas travailler! Le nouveau gouvernement a été ben *blood* avec toi, mais attends demain matin! Attends qu'y découvre le mot *rendement*... Écoute-moi bien. Arrive pas ici avec des beaux projets et des beaux rêves! Installe-toi bien comme y faut derrière ton beau grand bureau, là, et laisse venir les choses! Tu vas avoir des surprises, laisse-moi te le dire! Et avant de tout chambarder comme tu prétends avoir l'intention de le faire, regarde le taux de satisfaction des téléspectateurs durant mon règne, ça va peut-être te donner une petite leçon! Les analyses vont être sur ton bureau quand tu vas arriver demain matin. *Sky rocking*, mon p'tit gars, *sky rocking*! Huit ans de *ratings* qui progressent lentement mais sûrement. Pourquoi? Parce que j'ai fourni aux Ti-Coune de quoi rester éblouis pendant des années; j'les ai assommés avec des émissions scandaleusement vides mais rapides comme des mitraillettes (des scènes de moins d'une minute, toutes plus rapides les unes que les autres avec le moins de dialogues pis le plus de mouvements de caméra possibles; vite faites, vite consommées, vite oubliées); j'les ai aveuglés avec des feuilletons d'un passéisme honteux mais déguisés à coups de millions en chefs-d'œuvre incontournables de notre bien-aimé terroir (là, tu prends ton temps, les personnages parlent longtemps, tu montres ben de la neige, ben des chevaux, ben des chars d'époque pis la musique te le dit quand c'est triste au cas où t'aurais pas compris); je leur ai donné du sport comme y z'en avaient jamais eu et du câmique comme y z'en avaient jamais rêvé! Énerve-les et fais-les rire, c'est tout ce qu'y demandent! Les cotes d'écoute ont grimpé, les commanditaires se sont multipliés comme des lapins en chaleur et la télévision privée, notre grande compétitrice, s'est mise à faire la baboune et à perdre pied! La télévision privée a commencé pour la première fois à perdre de l'argent pendant que j'étais aux commandes ici, mon p'tit gras, c'est pas beau, ça? Qu'est-ce que tu veux changer à ça, toi, hein? Qu'est-ce que tu veux ajouter à ça?

Il lève les pointes de sa veste, comme une ballerine.

GASTON BERGEVIN. D'la *culture*?

NELLIGAN BEAUGRAND-DRAPEAU. Bon, ben j'pense que j'en ai assez entendu pour aujourd'hui...

Gaston Bergevin le prend par la cravate.

GASTON BERGEVIN. Laisse-moi te donner juste un petit conseil. J't'ai entendu parler de culture, ce matin, sur les ondes FM de notre belle radio en couleurs. Les Ti-Coune, là, ben y en veulent pas de la culture ! Les commanditaires non plus, d'ailleurs. Personne en veux, de la culture, Beaugrand-Drapeau, y a rien que toi qui en veux ! Toi pis la petite gang de prétentieux comme toi qui pensent pouvoir tout changer par leur seule présence ! La culture, c'est loin des Ti-Coune, ça vend rien, ça se suffit à soi-même parce que ça s'adresse même pas à un pour cent de la population et, à doses trop fortes, ça peut même éventuellement *tuer* la télévision ! Enfin, la télévision telle que je la conçois moi... Une télévision pour le peuple, payée par le peuple !

Nelligan se lève.

NELLIGAN BEAUGRAND-DRAPEAU. Vous croyez pas un mot de ce que vous dites; pensez-vous que j'vous connais pas? Pensez-vous que le nouveau gouvernement sait pas qui vous êtes?

GASTON BERGEVIN. Je suis à l'image du gouvernement qui m'a nommé ! C'tait peut-être pas flatteur mais c'tait efficace ! Toi, t'es à l'image de rien du tout, surtout pas du nouveau gouvernement qui savait certainement pas c'qu'y faisait en te nommant ici ! Tous tes chefs de sections sont plus vieux que toi, penses-tu qu'y vont se laisser faire comme ça par un petit morveux qu'y connaissent ni d'Ève ni d'Adam? As-tu déjà mené des hommes et des femmes plus vieux que toi, mon Nelligan, plus renseignés que toi, plus *compétents* que toi? Dans trois semaines, y vont t'avoir tellement découragé de changer quoi que soit ici que tu vas te rappeler des conseils du bon vieux Gaston Bergevin pis tu vas finir par comprendre le bon sens... et fournir aux Ti-Coune la télévision qu'ils veulent! Du moins, j'te le souhaite. Parce que tu vas avoir affaire à une grosse machine, *à une ben grosse machine*! As-tu déjà essayé de changer une *ben grosse* machine, mon Nelligan, une ben grosse machine *gouvernementale*? Bonne chance!

Nelligan Beaugrand-Drapeau sort.
Gaston Bergevin le suit.

GASTON BERGEVIN. Sauve-toi pas, j'ai pas fini! J'descends, Carole, vous pouvez les prévenir, en bas.

NELLIGAN BEAUGRAND-DRAPEAU. Vous avez peut-être pas fini, mais *vous*, vous êtes fini, monsieur Bergevin!

GASTON BERGEVIN. Mon Dieu, jamais je croirai que c'est ça que t'appelles une réplique assassine, mon Nelligan? T'as besoin d'aiguiser tes couteaux mieux que ça parce que tu vas croiser du monde autrement plus coriace que moi à partir de demain matin, laisse-moi te le dire! As-tu déjà essayé de parler à un réalisateur, mon Nelligan, à une scripte, à un *technicien*?

Ils croisent Sybille Berger, une chroniqueuse culturelle.
Elle est visiblement mal à l'aise.

SYBILLE BERGER. Est-ce que je pourrais vous parler, monsieur Bergevin?

GASTON BERGEVIN. Me parler?

SYBILLE BERGER. Enfin, vous interviewer.

GASTON BERGEVIN. J'ai dit pas d'interview avant la conférence de presse, mademoiselle Berger, vous devriez être la première à le savoir, vous êtes notre chroniqueuse culturelle attitrée depuis deux ans !

SYBILLE BERGER. Je le sais, mais j'aurais voulu vous interviewer avant les autres journalistes...

GASTON BERGEVIN. Pourquoi j'vous ferais ce cadeau-là ?

SYBILLE BERGER, *visiblement excédée par la mauvaise foi de son patron.* J'aurais voulu avoir la *primeur*, monsieur Bergevin.

GASTON BERGEVIN. Vous avez même pas d'équipe avec vous.

SYBILLE BERGER. J'ai un caméraman qui attend juste mon signal, à l'autre bout du corridor. C'est important... que je vous parle, monsieur Bergevin. Enfin, que je vous pose *certaines* questions.

Nelligan Beaugrand-Drapeau fait un petit sourire entendu.

NELLIGAN BEAUGRAND-DRAPEAU. J'vous laisse... vous avez sûrement des choses importantes à vous dire *tous les deux.* J'vais faire patienter les journalistes, ne vous en faites pas, monsieur Bergevin. Et je vais faire plus ample connaissance avec mes chefs de sections...

Il s'éloigne.
Furieux, Gaston Bergevin se penche sur Sybille Berger.

GASTON BERGEVIN. J't'avais dit que j'voulais pas te voir avant la fin de la conférence de presse, en même temps que les autres journalistes ! Es-tu folle de me relancer jusqu'ici ? C'est dangereux ! Quelqu'un pourrait nous voir !

SYBILLE BERGER. T'es mon patron, pis tu t'en vas aujourd'hui, j'ai le droit de vouloir t'interviewer ! Y fallait absolument que j'te voie...

GASTON BERGEVIN. Ma femme est là !

SYBILLE BERGER. Ta femme est accrochée à un plat de saumon fumé... D'après c'que j'ai compris, 'est en train de vérifier si y a des câpres ou non...

GASTON BERGEVIN. Même le nez plongé dans une livre de caviar, a' voit tout !

SYBILLE BERGER. Elle avait le dos tourné quand j'ai quitté la conférence...

GASTON BERGEVIN. Que tu penses ! T'as jamais entendu parler des yeux en arrière de la tête ? C'est elle qui les a inventés !

SYBILLE BERGER. Chuis pas venue ici pour entendre parler d'elle ! Chuis venue ici pour te parler de moi, de mon avenir à moi ! Imagine-toi donc que ce qui va m'arriver à partir de demain matin m'intéresse grandement ! Ça fait des semaines que je te le dis pis tu fais rien !

GASTON BERGEVIN. Ta job est pas en danger, Sylvie !

SYBILLE BERGER. Sybille...

GASTON BERGEVIN. Quoi? Ah oui! Sybille... J'm'habituerai jamais.

SYBILLE BERGER. Pis tu le sais pas si ma job est pas en danger! T'as pas vu, tout à l'heure? La tapette m'a même pas regardée!

GASTON BERGEVIN. Y est tapette?

SYBILLE BERGER. En tout cas, si y le sait pas, moi j'le sais!

GASTON BERGEVIN. Tu dis n'importe quoi! Y est pas tapette, y est cultivé! Y a une différence, tu sais!

SYBILLE BERGER. Y va vouloir faire rentrer ses petits amis, là, c'est sûr! Pis j'vais me retrouver à la météo pour le reste de mes jours! J'ai pas envie de passer le reste de mes jours à engraisser devant les caméras en prédisant le temps qu'y va peut-être faire demain, Gaston!

GASTON BERGEVIN. Chacun son tour, ma belle!

SYBILLE BERGER. Comment ça, chacun son tour?

GASTON BERGEVIN. T'as eu ta chance...

SYBILLE BERGER. Dis-moi pas que t'as pas encore préparé le papier que je t'ai demandé? J'veux que mon contrat soit renouvelé pour deux ans avant la fin de la journée, c'est-tu clair? T'es capable de faire ça pour moi, jamais je croirai! Pis en deux ans, j'ai le temps de me retourner...

GASTON BERGEVIN. J't'ai déjà vue te retourner plus vite que ça, ma p'tite fille...

SYBILLE BERGER. C'est pas le temps d'essayer de faire ton comique, Gaston! Mon avenir est en danger!

GASTON BERGEVIN. Ton contrat finit juste dans trois mois, j'peux pas le réviser comme ça, tout d'un coup... Ça va paraître!

SYBILLE BERGER. J'm'en fous! T'es encore le patron pour quequ' s'heures, t'as encore le droit de fouiller où tu veux pis décider de ce que tu veux!

GASTON BERGEVIN. De quoi a'l' avait l'air?

SYBILLE BERGER. Comment ça? Qui ça?

GASTON BERGEVIN. Ma femme? De quoi a'l' avait l'air? Comment est-tait habillée? Comment a' t'a regardée? Chuis sûr qu'a' se doute de quelque chose. A' t'a toujours trouvée trop belle... Depuis le jour où j't'ai fait engager, a' te regarde d'une drôle de façon. Chaque soir, en regardant tes topos culturels, a' fronçait les sourcils en passant des remarques...

SYBILLE BERGER. Quoi, quoi, des remarques, quelle sorte de remarques?

GASTON BERGEVIN. Y me semblait que t'étais pas venue ici pour entendre parler d'elle ?

SYBILLE BERGER. Qu'est-ce qu'elle disait, hein ? J'veux le savoir ! J'veux savoir les remarques désobligeantes que ta femme faisait à mon sujet...

Un jeune caméraman s'approche prudemment d'eux.

GASTON BERGEVIN. Attention...

SYBILLE BERGER. Quoi, attention...

GASTON BERGEVIN. Ton caméraman...

SYBILLE BERGER. Qu'est-ce qu'y a, mon caméraman ?

GASTON BERGEVIN. Y s'en vient.

Sybille Berger se tourne vers Marco.

SYBILLE BERGER. J't'avais dit de m'attendre sans bouger, Marco...

MARCO. Ben oui, mais la conférence de presse va commencer, là...

SYBILLE BERGER. La conférence de presse commencera pas sans monsieur Bergevin, voyons donc !

Sybille Berger se tourne vers Gaston Bergevin.

SYBILLE BERGER. Comme ça, vous refusez toujours de me donner une interview, patron?

GASTON BERGEVIN. Absolument, mademoiselle Berger! Attendez après la conférence de presse, comme tout le monde!

SYBILLE BERGER. Et... mon papier?

GASTON BERGEVIN. Votre papier? Quel papier? J'vois pas de quoi vous voulez parler, mademoiselle Berger... Vous écrivez pas des papiers, vous faites des reportages de télévision!

Il s'éloigne après avoir donné une claque dans le dos du caméraman.

GASTON BERGEVIN. Bienvenue à bord, jeune homme!

MARCO. Bienvenue à bord? Y est-tu fou, lui? Ça fait cinq ans que chuis aux nouvelles! On se croise dix fois par semaine!

SYBILLE BERGER. T'aurais pas pu attendre une minute ou deux, toi, non?

MARCO. C'tait clair qu'y voulait pas t'en donner, d'interview! Même de l'autre bout du corridor, c'était évident! Ça servait à rien d'insister, j'te l'avais dit! Pis si c'était pour régler vos histoires de cœur, c'tait pas la place...

SYBILLE BERGER. Aïe, j'te demande pas ton avis! Contente-toi donc de me suivre et de filmer c'que j'te dis de filmer! T'es payé pour filmer, pas pour penser!

MARCO. Sexiste! J't'ai déjà dit de pas me parler sur ce ton-là! Les choses vont changer ici dedans, c'est pus ton «grand ami», monsieur Bergevin, là, qui va tout mener, à partir de demain!

SYBILLE BERGER. Ça veut dire quoi, ça?

Marco s'éloigne.
Sybille Berger se colle à ses talons.

SYBILLE BERGER. Hein, ça veut dire quoi, ça? Que c'est ton «petit ami» à toi qui va donner les jobs à partir de maintenant, hein, c'est ça? Que je risque de me retrouver derrière la caméra et toi devant? Hein? Tu veux te faire ami-amie avec la p'tite Nelligan? J'te vois, toi, faire des topos culturels! Ça serait beau!

MARCO. T'en fais ben, toi!

SYBILLE BERGER. J'ai fait l'UQAM, moi, mon p'tit gars!

MARCO. Ben oui, en théâtre! T'es censée être une actrice! C'est pas parce que tu te trouves pas de job comme actrice que ça te donne le droit de critiquer la culture au grand complet tous les soirs à la télévision! Pour qui tu te prends? Un grand cerveau universel? R'viens sur la terre, un peu! De toute façon, tu pourrais être remplacée par une marionnette n'importe quand!

SYBILLE BERGER. Ça a pas marché, les marionnettes!

MARCO, *pour lui même.* Pourtant, y en avait quequ's'unes qui avaient l'air ben plus vivantes que toi à l'écran...

SYBILLE BERGER. Quoi, qu'est-ce que tu dis?

MARCO. Rien, j'me parle... De toute façon, tu pourrais même pas être derrière la caméra, tu fais pas partie de mon union.

SYBILLE BERGER. Chus syndiquée, moi aussi!

MARCO. Ben oui, tu fais partie de l'union des journalistes! Sont ben à plaindre, les pauvres! On prend pas n'importe qui qui est chum avec le patron, nous autres! Pis à part de ça, chus pas gay, pis tu le sais très bien. Pis le nouveau patron non plus. Enfin, j'pense pas... Arrête donc d'en voir partout!

SYBILLE BERGER. J'en vois partout parce qu'y en a partout! Ça sort du placard, ça s'infiltre partout, ça porte des t-shirts qui parlent rien que de ça... aucun complexe!

MARCO. Tu t'es pas infiltrée ici, toi, peut-être?

Ils croisent Sonia Bergevin qui sort de l'ascenseur.

SONIA BERGEVIN. Avez-vous vu mon mari?

SYBILLE BERGER. Non.

MARCO. Oui.

SONIA BERGEVIN. Ben...

SYBILLE BERGER. C'est-à-dire qu'on l'a aperçu de loin... J'pense qu'il se dirigeait vers l'ascenseur. Vous avez dû vous croiser entre deux étages.

Marco semble s'amuser comme un petit fou.

SONIA BERGEVIN. Vous descendez au rez-de-chaussée ?

SYBILLE BERGER. Ben oui. La conférence de presse a lieu au rez-de-chaussée, non ?

SONIA BERGEVIN. Qu'est ce que vous faites au dix-huitième, alors ?

Elles se regardent quelques secondes en silence.

MARCO. Ben oui, qu'est-ce qu'on fait au dix-huitième, donc ?

L'ascenseur arrive.
Ils montent tous les trois.
Le silence s'épaissit.

SONIA BERGEVIN. Vous avez pas répondu à ma question, mademoiselle Berger.

SYBILLE BERGER. J'avais rendez-vous avec Marco.

SONIA BERGEVIN. C'est qui, ça, Marco ?

MARCO. C'est moi.

SONIA BERGEVIN. Les caméramans donnent des rendez-vous au dix-huitième étage, maintenant? C'est nouveau, ça! *(Ironique.)* À moins qu'y ait de l'amour dans l'air!

Incapables de répondre, les deux autres font les yeux ronds.

SONIA BERGEVIN. Quelqu'un sent fort, ici dedans.

Sybille Berger, mortifiée, rougit jusqu'à la racine des cheveux.

MARCO. Ça se peut que ça soit moi. Ma blonde m'a acheté une nouvelle eau de Cologne... Je la teste, aujourd'hui.

SONIA BERGEVIN. Vous lui direz de mieux choisir ses cadeaux, à l'avenir, à votre blonde. Ça sent tellement fort que va falloir faire désinfecter l'ascenseur!

Marco et Sybille Berger se regardent.

MARCO. J'y dirai rien du tout!

SONIA BERGEVIN. Pardon?

MARCO. C'est pas vous qui allez me dire quoi porter comme eau de Cologne! Même si vous trouvez que ça sent trop fort dans les ascenseurs! Vous sentez ben le Florient, vous, pis j'vous l'ai jamais dit!

SONIA BERGEVIN. Vous saurez, jeune homme, que je suis encore la femme de votre patron pour toute une après-midi! Bien des choses peuvent se produire en une après-midi, vous savez!

MARCO. C'est vrai, tous les employés de la maison devraient rester enfermés avec vous dans l'ascenseur pour le reste de l'après-midi pour vous dire c'qu'y pensent de vous depuis huit ans pis qu'y ont peur de vous dire! Là, y s'en passerait, des choses!

SONIA BERGEVIN. Pardon? Répétez donc ça, pour voir? Les employés de mon mari m'ont toujours respectée!

L'ascenseur est arrivé au rez-de-chaussée.
Ils sortent et tombent sur Gaston Bergevin qui sortait d'un autre ascenseur.
Moment de confusion.

SONIA BERGEVIN. Hein? Répétez donc ça, pour voir! Mal élevé!

GASTON BERGEVIN. Ah! t'es là, Sonia?

SONIA BERGEVIN. Où est-ce que t'étais donc, toi?

SYBILLE BERGER, *à Marco.* Qu'est-ce qui te prend? T'es donc bien courageux, tout d'un coup!

GASTON BERGEVIN. J'ai ben le droit d'aller pisser!

SONIA BERGEVIN. Hé! que t'es vulgaire!

SYBILLE BERGER. C'est moi qui sentais le parfum, toi tu sens la transpiration à plein nez!

MARCO. J'ai voulu te sauver, veux-tu me le faire regretter? Pis c'est pas vrai que je sens la transpiration!

SYBILLE BERGER. Y a pas rien qu'à la femme du patron qu'on n'ose pas dire des affaires... Envoye, avance...

MARCO. C'est pas vrai que je sens la transpiration !

SYBILLE BERGER. J't'ai dit d'avancer !

Sybille Berger pousse Marco.

MARCO. On reste pas un petit peu ? La suite m'intéresse, moi...

Ils sortent.

SONIA BERGEVIN. Pis mets-moi ça à la porte, ce mal embouché-là !

GASTON BERGEVIN. Qui, ça ?

SONIA BERGEVIN. Lui, là, le caméraman ! Y est impoli avec moi !

GASTON BERGEVIN. Ben voyons donc ! Y vient d'arriver, y doit même pas te connaître !

SONIA BERGEVIN. Y me connaît assez pour m'insulter ! Ça fait des années que je le vois faire le jars dans tous les corridors... Jamais j'croirai que tu l'avais jamais vu ? Où c'est que tu regardes quand tu te promènes dans les corridors ?

GASTON BERGEVIN. En tout cas, je regarde certainement pas les caméramans !

SONIA BERGEVIN. En tout cas. Ta cravate est même pas droite!

Elle se penche sur la cravate de son mari et lui dit, tout bas.

SONIA BERGEVIN. Qu'est-ce que tu faisais avec elle à ton étage, hein? Hein?

GASTON BERGEVIN. Qui, elle?

SONIA BERGEVIN. Ben *elle*, la *chroniqueuse*!

GASTON BERGEVIN. C'est pas moi qui étais avec elle dans l'ascenseur, c'est toi!

SONIA BERGEVIN. Avant l'ascenseur, avant, essaye pas!

GASTON BERGEVIN. Je l'ai même pas vue! Comment tu veux que je sache à quel étage elle était! Écoute! Sonia! Franchement!

SONIA BERGEVIN. A' m'a dit elle-même qu'a' t'avait croisé! A' t'a croisé mais pas toi!

GASTON BERGEVIN. Je le sais-tu, moi? Voir si je remarque toutes les personnes que je croise dans une journée!

SONIA BERGEVIN. Ta cravate est pas croche pour rien!

GASTON BERGEVIN. J'me suis bassiné la face dans la salle de bains!

SONIA BERGEVIN. *Bussiné*! Mon Dieu! C'est-tu la chroniqueuse qui te montre des mots à deux piasses et quart comme ça?

GASTON BERGEVIN. C'est certainement pas toi, ça, c'est sûr!

Il s'éloigne.

SONIA BERGEVIN. Attends-moi, attends-moi, faut qu'on rentre ensemble... On réglera ça plus tard, c't'histoire de cravate-là! Et parle-moi sur un autre ton! As-tu ton discours, là? L'as-tu bien relu comme j't'avais dit de faire? Mets-tu bien l'accent sur les mots que j'ai soulignés?

Ils croisent Robert «Bob» Beaulieu, un producteur indépendant de télévision.

ROBERT «BOB» BEAULIEU. Ah! Gaston! J't'attendais!

Ils se serrent la main.

SONIA BERGEVIN. Excuse-nous, Bob, mais on nous attend en dedans.

ROBERT «BOB» BEAULIEU. Faut que j'te parle, Gaston!

SONIA BERGEVIN. J'ai dit plus tard, Bob!

GASTON BERGEVIN. Laisse-nous donc tranquilles, toi! J'vais t'attendre ici pendant la projection, mon Bobby. Ça dure quasiment une heure pis c'est plate pour mourir...

Chus bien placé pour le savoir, j'ai supervisé le montage moi-même !

SONIA BERGEVIN. Parle pas si fort, si quelqu'un t'entendait ! Un journaliste ou quequ'chose...

GASTON BERGEVIN. Penses-tu que les journalistes savent pas c'que je pense de mes saisons ? Pis celle-là ressemble désespérément aux autres...

ROBERT « BOB » BEAULIEU. J'vas t'attendre ici...

SONIA BERGEVIN. Robert ! J'ai dit que Gaston était occupé ! Hein ? Bon ! S'il vous plaît ! *(À son mari.)* De toute façon, tu peux pas sortir pendant la projection ! Le directeur de la programmation sort pas pendant la projection qui annonce sa dernière saison ! Ça se fait pas ! Gaston ! Gaston, ton bras ! Eh ! maudit, un vrai spring, on sait jamais oùsqu'y va rebondir...

Elle suit son mari dans la salle de conférences.

Entrent Sybille et Marco.
En apercevant Sybille, Robert est visiblement mal à l'aise mais il n'ose pas se sauver.

SYBILLE BERGER, *à Marco.* C'est pas dangereux de laisser ta caméra traîner dans le corridor comme ça ?

MARCO. Peut-être, mais j'ai mal à l'épaule.

SYBILLE BERGER. Ça vaut une fortune, ces caméras-là...

MARCO. Je le sais.

SYBILLE BERGER. J'suppose que si j'te dénonce, tu vas faire un grief contre moi?

MARCO. Écoute, a' pèse deux tonnes, c'te caméra-là, y a personne qui va la voler! Les gens qui viennent ici, ce matin, y viennent manger des petits fours pis trouver que notre saison a l'air plate, y viennent pas voler des caméras! Pis lâche-moi un peu!

Il entre dans la salle de conférences.
Sybille aperçoit Robert trop tard pour s'esquiver elle aussi.
Il est assez évident qu'elle n'a pas envie de le voir.

SYBILLE BERGER. Mon Dieu, un revenant.

ROBERT «BOB» BEAULIEU. Ça serait plutôt toi la revenante, non? Tu retournes pas mes appels depuis deux mois...

SYBILLE BERGER. T'es pas en pleine faillite, toi, ou en dépression, ou quequ'chose du genre? Y t'ont laissé sortir?

ROBERT «BOB» BEAULIEU. Tes sarcasmes font plus effet, Sylvie, j'te l'ai déjà dit...

SYBILLE BERGER. Sybille, pas Sylvie...

ROBERT «BOB» BEAULIEU. Quand j't'ai mise au monde, tu t'appelais Sylvie Bergeron, tu vas toujours être une Sylvie Bergeron pour moi...

SYBILLE BERGER. Quand y m'a mise au monde! Si c'est pas beau d'entendre ça!

ROBERT «BOB» BEAULIEU. De toute façon, Sybille Berger est le nom le plus ridicule que j'ai jamais entendu! Sybille Berger! Pourquoi pas Cunégonde! Ou Mélusine? Avant que j'te mette au monde, t'étais rien du tout, juste une pauvre petite étudiante comme les autres qui voulait arriver le plus vite possible en faisant le moins d'efforts possibles! J'espère que tu t'en rappelles et que t'es assez honnête pour l'admettre! T'as profité de moi comme j'ai profité de toi, *Sybille*!

SYBILLE BERGER. Fais-moi pas pleurer ce matin, Robert, j'ai des gens importants à interviewer, faudrait pas que mon maquillage coule...

Elle veut entrer, il l'en empêche.

ROBERT «BOB» BEAULIEU. Pourquoi tu me rappelles pas?

SYBILLE BERGER. Pour t'écouter te plaindre? Pour soulager ta paranoïa? Prends tes Prozac, Robert, pis laisse-moi travailler.

ROBERT «BOB» BEAULIEU. J'prends pus de Prozac depuis un bon bout de temps!

SYBILLE BERGER. Tu devrais peut-être...

ROBERT «BOB» BEAULIEU. Le docteur s'était trompé, Sylvie, j'en avais pas besoin! C'était un mauvais diagnostic!

SYBILLE BERGER. À te voir en ce moment, on le dirait pas... J't'aimais mieux calme et ennuyant qu'hystérique comme maintenant, Robert...

ROBERT « BOB » BEAULIEU. Chus pas hystérique !

Il essaie de se calmer en contrôlant sa respiration.
Sybille, qui visiblement en a vu d'autres, ne semble pas du tout impressionnée; elle a même un petit regard ironique qui en dit long sur son mépris pour lui.

ROBERT « BOB » BEAULIEU. Écoute, j'aimerais que tu parles à Gaston... T'es comme bien placée pour le faire, hein...

SYBILLE BERGER. Ah ! c'est même pas pour des histoires de cœur que tu veux me parler? *(Moqueuse.)* C'est même pas parce que tu t'ennuies de moi ! J'arrive même pas à y parler de mes propres problèmes, à Gaston, comment voudrais-tu que j'y parle des tiens? Y veut rien savoir de nous deux, aujourd'hui, Robert, j'pense que c'est ça qu'on devrait comprendre...

ROBERT « BOB » BEAULIEU. T'as beaucoup d'influence sur lui...

SYBILLE BERGER. Voyons donc ! C'est pas parce que je baise avec que j'ai de l'influence sur lui ! *Sonia* a beaucoup d'influence sur lui ! C'est à *Sonia* que tu devrais parler ! Mais c'est vrai que Sonia peut pas te sentir en peinture parce que t'as réussi malgré elle à vendre à Gaston des émissions innommables pendant huit ans ! Collège Sainte-Marie oblige, hein? Sonia avait la réputation de faire les saisons de son mari à sa place, de tout décider, de tout planifier ce que le bon peuple québécois avait le droit de voir à la télévision, mais y avait un seul intouchable sur son chemin, toi! L'ami d'enfance, le «copain de toujours», les liens indissolubles de l'amitié mâle, et tout, et tout! A'l' essayait de te mettre les bâtons dans les roues, mais c'est elle qui tombait en pleine face! J'ai toujours trouvé que Sonia avait des goûts de chiottes, mais en ce qui te concerne, j'étais plutôt d'accord avec elle! C'est vrai que t'es le producteur de télévision le plus nul en ville, mon Robert! Pan de mur de prix Gémeaux ou non! Trophée spécial pour services rendus à la télévision ou non!

ROBERT «BOB» BEAULIEU. T'as pas toujours dit ça!

SYBILLE BERGER. Oui, j'ai toujours dit ça! Quand on était ensemble, c'est pas de tes productions qu'on parlait... Heureusement! Pis quand je parlais de toi, j'disais exactement ce que je pensais...

ROBERT «BOB» BEAULIEU. T'as quand même profité pas mal longtemps de l'argent que mes productions innommables faisaient, hein? Avant de me laisser tomber pour Gaston, y a deux ans, parce qu'y pouvait te plugger comme chroniqueuse culturelle malgré ton manque flagrant de culture générale, t'en profitais de mes productions innommables!

SYBILLE BERGER. Ça veut pas dire que je les trouvais bonnes!

ROBERT «BOB» BEAULIEU. Penses-tu que je les trouve bonnes, moi? Voyons donc! On est pas là pour se faire plaisir, on est là pour faire de l'argent!

Sur les entrefaites, arrive Amanda Gariépy.

ROBERT «BOB» BEAULIEU. Attention, v'là la grosse Gariépy...

AMANDA GARIÉPY. Y a pas grand monde!

SYBILLE BERGER, *soudain toute gentille.* Tout le monde est entré par la grande porte, madame Gariépy, ici c'est celle des employés.

AMANDA GARIÉPY. Ben, c'est justement quand j'ai vu personne devant la grande porte que j'ai décidé de passer par ici... Ça a l'air mort que le yable, dans le corridor...

SYBILLE BERGER. J'pense qu'on n'attend plus que vous, là, pour commencer, c'est pour ça...

AMANDA GARIÉPY, *ironique.* Tout le monde est entré sauf vous deux?

SYBILLE BERGER. On prépare une interview...

AMANDA GARIÉPY. Ah bon... Faites quand même attention à votre matériel, mademoiselle Berger, y a une belle grosse caméra neuve qui traîne dans le corridor, n'importe qui pourrait la voler. C'est payé avec l'argent de contribuables, ça... *(Juste avant d'entrer dans la salle de conférences.)* J'ai l'impression qu'on va moins entendre parler de vous deux à partir de demain matin, hein? Vous perdez tous les deux un grand allié ici dedans... Ça serait pas plus une conspiration qu'une interview que vous préparez, par hasard? Genre unissons nos forces pendant qu'y est encore temps?

Sonia Bergevin, qui guettait sûrement l'arrivée d'Amanda Gariépy, sort en trombe.

SONIA BERGEVIN. Ah ! vous voilà enfin, madame Gariépy, j'vous attendais à l'autre porte... Enfin, on va pouvoir commencer !

AMANDA GARIÉPY. J'espère que le lunch va être meilleur que celui de l'année passée...

Rire faux de Sonia.

SONIA BERGEVIN. On a fait venir le traiteur que vous aimez, madame Gariépy ! Pas de crevettes, pas de fruits de mer, pas de câpres sur le saumon fumé ! J'y ai vu personnellement !

AMANDA GARIÉPY. Dites-moi pas ça, j'vas me méfier de ce que j'vas manger !

Elles sortent toutes les deux en riant, mais Sonia est visiblement ulcérée.

SYBILLE BERGER. On dirait qu'a' la reçoit dans son salon ! Avec tout c'qu'a' dit dans son dos ! Amanda Gariépy aura pas sitôt le dos tourné, après-midi, que Sonia Bergevin va se faire aller le téléphone arabe... Maudite tèteuse !

ROBERT « BOB » BEAULIEU. T'as rien à dire, toi, tu t'es pas vue : *On prépare une interview...* J'suppose que t'as jamais parlé dans son dos, toi ! Le milieu culturel de Montréal au complet parle contre elle, se plaint d'elle, de son ignorance et de sa vulgarité, mais tout le monde est fin avec elle quand 'est là ! Moi le premier, d'ailleurs ! Si j'avais ouvert la bouche, j'aurais probablement été aussi têteux que vous deux !

SYBILLE BERGER. J'étais quand même pas pour y dire que tu me poursuis deux ans après notre rupture pis qu'on parlait des messages ridicules que tu laisses sur mon répondeur depuis des mois !

ROBERT « BOB » BEAULIEU. J'te poursuis pas !

SYBILLE BERGER. Si j'avais gardé tous les messages que tu m'as laissés dernièrement, Robert, j'pourrais te poursuivre pour harcèlement sexuel !

ROBERT « BOB » BEAULIEU. J'te parlais pas de cul sur ces messages-là, c'était pas du tout du harcèlement sexuel !

SYBILLE BERGER. Non, mais t'appelais trop souvent pour que ce soit normal... T'es désespérant... Tu t'en rends même pas compte quand on rit de toi... R'garde-moi pas avec des grands yeux comme ça, j'ai pas l'intention de te poursuivre, franchement ! De toute façon, j'vois pas pourquoi on se parle, j'peux rien pour toi et tu peux rien pour moi, on perd notre temps tous les deux...

ROBERT « BOB » BEAULIEU. Ah ! t'en es rendue là ! Tu perds pus *du tout* de temps avec ceux qui peuvent pas te servir à quequ'chose !

SYBILLE BERGER. Exactement ! On est dans un monde de renvois d'ascenseur, Robert, c'est toi-même qui me l'as appris ! Quelqu'un te rend service, tu lui renvoies l'ascenseur ; lui-même doit faire la même chose, tu viens de mettre le pied dans un tourbillon qui peut pus jamais s'arrêter sauf quand les deux parties peuvent pus se rendre de services... J'applique cette leçon-là quotidiennement. Tu viendras pas me reprocher d'avoir été une bonne élève !

ROBERT «BOB» BEAULIEU. C'est pas vrai que tu peux rien pour moi et tu le sais très bien !

SYBILLE BERGER. J'pensais que tes liens avec ton ami Gaston étaient plus forts que tout? Plus forts que l'amour, le mariage, les enfants, la patrie? Dis-moi pas que ton grand ami Gaston te laisserait tomber pour la première fois ! Pis juste avant de quitter la grande maison ! Y veut pas te laisser en héritage à son successeur? C'est ça? Ça serait pourtant la meilleure façon de le déprimer avant même qu'y commence son mandat ! T'attends deux ascenceurs, aujourd'hui, mon Robert, le mien et celui de Gaston, c'est beaucoup trop ! Pis j'ai bien peur que tu te retrouves coincé au rez-de-chaussée, parmi les indésirables ! Comme au commencement. Te souviens-tu quand tu nous racontais tes débuts, dans tes cours sur l'histoire de la télévision qui finissaient toujours par se transformer en récit détaillé de tes expériences personnelles parce que tu peux pas t'empêcher de tout ramener à toi? Comment personne voulait rien savoir de toi, au commencement, qu'on te faisait attendre pendant des heures sans presque jamais te recevoir, que les directeurs de stations se méfiaient de toi et de Gaston parce que vous étiez jeunes, inventifs et peut-être un peu trop ambitieux et que vous aviez pas encore fait vos preuves? Récit honteusement revu et corrigé pour cacher vos vraies origines, à toi et à Gaston? La boucle est bouclée, mon Robert, t'es peut-être revenu à la case départ parce que ton grand chum est pus directeur de la programmation de notre télévision nationale... Tout était devenu trop facile... Une idée, un coup de téléphone, un petit déjeuner très tôt le matin pour faire semblant qu'on travaille, un budget rapidement barbouillé sur la serviette de table d'un restaurant chic, entre un mimosa et un œuf bénédictine au saumon fumé, et le projet était parti... Tu pouvais même te concentrer sur des maladies que t'as jamais eues, tellement tout était facile ! Mais là va falloir que tu te remettes à travailler comme tout le monde... Va même peut-être falloir que tu retournes t'asseoir patiemment sur les chaises des salles d'attente... Plains-toi pas, Robert, ça va peut-être être ta fontaine de jouvence... À ton âge, on a besoin de nouveaux défis, non ?

ROBERT « BOB » BEAULIEU. On dirait que tout ça te fait plaisir...

SYBILLE BERGER. Ça fait jamais plaisir de voir s'effondrer quelqu'un qu'on a déjà admiré.

ROBERT « BOB » BEAULIEU. Tu m'as quand même déjà admiré, c'est bon à savoir..

Sybille s'éloigne de lui.

SYBILLE BERGER. J'ai admiré ton cynisme, ta façon de baiser tout ce qui bouge, de frapper vite quand venait le temps de sauter sur une occasion, mais jamais les résultats.

ROBERT « BOB » BEAULIEU, *l'air piteux.* C'est quand même mieux que rien...

SYBILLE BERGER. Commence pas à jouer les chiens battus en plus, j's'rais pas capable de le supporter. *(Silence.)* J'pense que j'vais rentrer voir le magnifique montage que Gaston nous a concocté... ça va moins me déprimer.

ROBERT « BOB » BEAULIEU. Toi aussi y te laisse tomber, hein ?

Elle le regarde assez longtemps avant de lui répondre.

SYBILLE BERGER. Ça se pourrait qu'on se croise dans les salles d'attente dans pas longtemps, mon Robert...

Mais avant de partir, elle veut donner un dernier grand coup et se tourne vers lui.

SYBILLE BERGER. Et laisse-moi te dire d'ailleurs une fois pour toutes à quel point t'étais un mauvais professeur ! Tu te vantes partout d'avoir enseigné à l'UQAM, mais si tu savais ce qu'on disait de toi, t'en parlerais plus jamais ! T'étais la risée de la section de théâtre de l'UQAM, Robert... Au lieu de nous encourager à faire de la télévision, tu nous en avais dégoûtés tellement t'étais vulgaire et imbu de toi-même ! On se disait : Si c'est ça, la télévision, on aime mieux crever de faim à faire du théâtre, au moins c'est propre ! Parles-tu encore de toi à la troisième personne, mon Robert ? « Robert Beaulieu leur a dit telle affaire... », « Robert Beaulieu fait pas ce genre d'émissions-là... » Tout ce que tu nous avais appris sur la télévision nous avait écœurés, Robert, pis, pourtant, c'tait rien à côté de ce que je vois depuis que j'en fais... J'ai perdu ma belle candeur rapidement pis y m'arrive encore de le regretter...

Il se jette littéralement sur elle.

ROBERT « BOB » BEAULIEU. J'étais pas un mauvais professeur ! Tu peux dire tout c'que tu veux à mon sujet, mais j'étais pas un mauvais professeur !

SYBILLE BERGER. Pauvre Robert...

ROBERT «BOB» BEAULIEU. Pourquoi tu m'as laissé te courtiser, d'abord, si j'étais si vulgaire que ça?

SYBILLE BERGER. Des fois, j'me le demande... L'ambition, sûrement, oui, l'ambition, y doit vraiment pas y avoir d'autre raison, tu le disais toi-même tout à l'heure! T'endurer était le prix à payer pour arriver vite, je suppose que c'est vrai... Mais j'me rappelle pourquoi j't'ai laissé, par exemple... T'as fait ton martyr, comme d'habitude, t'es allé brailler dans les bras du Tout-Montréal en me traitant de tous les noms, mais... Te souviens-tu, au moins, de ta période «coke et poupounes», Robert, ou bien si t'as décidé de rayer ça complètement de tes souvenirs comme tu le fais pour les choses qui font pas ton affaire? Hein? Les soirées passées dans des restaurants hors de prix à boire du champagne, à sniffer la coke que tu passais à tout le monde dans ta salière personnelle... T'apportais de chez vous une salière remplie de coke que tu passais à n'importe quel *nobody* qui se présentait à ta table pour impressionner pis tu te pensais un gros *big shot*, hein? Au bout d'une heure ou deux, t'étais tellement supérieur à tout le monde pis plus puissant que tout le monde pis tellement plus capable que n'importe qui d'autre que t'étais pus parlable... Pis les poupounes... Mon Dieu, les poupounes... T'arrivais de chais pas où au bras d'invraisemblables guidounes encore plus gelées que toi, pis j'étais obligée d'endurer ça dans mon coin... J'avais l'impression d'être ta deuxième femme, d'avoir été reléguée au même rang que Jeannine, ta pauvre femme, la risée du Tout-Montréal, l'épouse la plus trompée en ville! Y avait la femme en titre, pis la maîtresse en titre! Pis comme j'étais pourrie dans les deux séries pour lesquelles tu m'avais imposée comme star, j'étais malheureuse comme les pierres! Tu gagnais les Gémeaux, pis j'faisais rire de moi! Quand j'ai rencontré Gaston, au moins, tout c'qu'y avait dans mon chemin, c'était Sonia... R'marque que Sonia est pas un cadeau, mais j'étais plus capable de dealer avec ça qu'avec ta coke pis tes poupounes... Pis j'avais compris que j'étais pas une actrice, ça fait que, ben oui, c'est vrai, j'ai demandé à Gaston de devenir critique de ce que je pouvais pas faire... Robert, t'écoutes pas!

ROBERT «BOB» BEAULIEU. Quoi? Ben oui, j't'écoute!

SYBILLE BERGER. J'avais oublié à quel point ça sert à rien d'essayer de te parler d'autre chose que de toi-même... Y faut t'écouter pendant des heures, mais tu donnes pas deux minutes par jour aux autres pour s'exprimer! Mais au moins, avant, on pouvait se fâcher contre toi, tu répondais, tu t'enrageais, y se passait quequ'chose! T'es passé de la coke aux Prozac, Robert, pis t'es devenu plate comme une Prozac!

Elle sort.
Robert semble vraiment blessé.

ROBERT «BOB» BEAULIEU. J'étais pas un mauvais professeur!

Il sort une petite bouteille de pilules, en prend deux ou trois qu'il avale sans eau.

ROBERT «BOB» BEAULIEU. En plus, j'ai l'air d'un cliché avec ma fiole de pilules!

Arrive Sonia qui devait attendre que Robert se retrouve seul pour se manifester.

Elle s'approche lentement de lui, comme d'un enfant malade. La mauvaise foi de Sonia doit être une véritable insulte pour Robert qui est quand même un homme intelligent. Elle sait exactement ce qu'elle fait et le manipule avec un malin plaisir.

SONIA BERGEVIN. Pauvre Bobby... Excuse-moi pour tout à l'heure, hein...

ROBERT «BOB» BEAULIEU. C'est correct... T'étais pas ben ben différente de ce que t'es d'habitude.

SONIA BERGEVIN. Chuis bien bien nerveuse, tu comprends, mon Bobby... C'est sa dernière saison pis ça y tient bien bien à cœur...

ROBERT «BOB» BEAULIEU. Sonia, franchement, t'as pas besoin de jouer ce jeu-là avec moi...

SONIA BERGEVIN. J'te regardais prendre tes pilules, là... Tu devrais pas...

ROBERT «BOB» BEAULIEU. Tu m'espionnes, en plus...

SONIA BERGEVIN. Enfin, tu devrais continuer à prendre tes pilules, oui, c'est vrai, t'en as besoin, mais pas à la poignée comme ça, ça va finir par te jouer des tours... Y suffit d'une de trop, pis...

ROBERT «BOB» BEAULIEU. De toute façon, c'est pas des pilules, c'est des vitamines...

SONIA BERGEVIN. Faute avouée est à moitié pardonnée, mon Bobby, je sais très bien que c'est pas des vitamines...

ROBERT «BOB» BEAULIEU. Aïe, chus pas un enfant pis j'ai rien à me faire pardonner!

Sonia pose une main sur son bras.

SONIA BERGEVIN. Fâche-toi pas en plus, Bobby, tu sais c'que ça te fait quand tu te fâches... Tes colères me font tellement peur!

ROBERT «BOB» BEAULIEU. Coudonc, ris-tu de moi, là?

SONIA BERGEVIN. Attention à la paranoïa, Robert... J'te le dis trop souvent pour que tu t'en souviennes pas...

ROBERT «BOB» BEAULIEU. J'ai vraiment aucune chance avec toi, hein...

SONIA BERGEVIN. Écoute, Bobby...

ROBERT «BOB» BEAULIEU. Écoute, Sonia, t'es pas obligée de me *nommer* à chaque phrase que tu me dis, j'connais mon nom, chus pas un bébé de six mois ni ton chien Pépinot! Si tu parles en regardant vaguement dans ma direction, j'vas comprendre que c'est à moi que tu t'adresses pis j'vas répondre en conséquence, j'te le promets!

SONIA BERGEVIN, *en chantonnant, comme s'il était malade.* Calme-toi, voyons, Bobby...

ROBERT «BOB» BEAULIEU. Tu m'énerves, quand tu me parles comme ça, pis ça fait des années que tu me parles comme ça, Sonia!

SONIA BERGEVIN. T'es pas obligé de me nommer chaque fois que tu me parles, Bobby...

ROBERT «BOB» BEAULIEU, *la coupant.* O.K., c'est correct, j'ai compris... Ça sert à rien de discuter, j'gagnerai pas. Qu'est-ce que t'étais venue me dire?... T'es pas sortie de la salle de projection pour rien... Vas-y, j't'écoute.

SONIA BERGEVIN. C'est un peu délicat...

ROBERT «BOB» BEAULIEU. J'm'en doute...

SONIA BERGEVIN. Si tu m'interromps tout le temps, j'pourrai pas parler...

ROBERT «BOB» BEAULIEU. Ça m'étonnerait... Un ouragan t'empêcherait pas de t'exprimer...

SONIA BERGEVIN. Bobby! Bon! S'il vous plaît! C'est sérieux!

Robert lance un soupir d'exaspération, se croise les bras, penche un peu la tête pour écouter.

SONIA BERGEVIN. Gaston vient de commencer son petit discours de bienvenue. Y va bien faire ça. J'y ai écrit un texte court mais punché, y l'a bien répété ce matin avant de quitter la maison, y m'a promis qu'y le travaillerait un peu dans son bureau avant de descendre ici, chus pas inquiète... C't'important qu'y fasse bonne impression avant de quitter son poste, tu comprends, faut qu'on garde un bon souvenir de lui... J'm'étais installée pas loin de la porte pour guetter la grosse Gariépy, pis y a commencé aussitôt qu'elle a été installée. As-tu vu comment elle était attifée? Encore du stretché brun! En tout cas, 'est arrivée, c'est le principal, on peut respirer. Te rappelles-tu quand a' s'était même pas présentée, y a trois ans? Deux cents personnes qui en attendent une en louchant vers le buffet, la salade de macaroni qui sèche à vue d'œil, l'alcool qui disparaît à une vitesse vertigineuse... Quelle angoisse! En tout cas, pour en revenir à tout à l'heure, chaque fois que la porte s'ouvrait, j'te voyais te morfondre, pis j'me disais: « Pauvre lui, se faire tant de mauvais sang pour rien... » Ça avait l'air de brasser pas mal avec la p'tite Berger, hein? Tu la connais? Depuis longtemps? En tout cas. Tu faisais tellement pitié que j'ai pris sur moi de venir te dire de pas attendre Gaston ici, Robert, y viendra pas te rejoindre...

Il sursaute, mais la porte s'ouvre. Marco sort de la salle de conférences et allume une cigarette qu'il tenait à la main.

SONIA BERGEVIN. Vous êtes dans un endroit public, ici, jeune homme! Allez fumer dans une cage à fumeurs!

MARCO. Ça va vous donner une raison de plus de vous plaindre de moi à votre mari.

SONIA BERGEVIN. Justement, en parlant de lui, vous pourriez être un peu poli et écouter ce qu'il a à dire...

MARCO. Y a l'air de se trouver ennuyant lui-même... Dites-moi donc une chose, madame Bergevin... La nouvelle courait que c'est vous qui écriviez la moindre petite adresse qu'y avait à faire en public. Si c'est vous qui avez écrit celle-là, j'ai pas de compliments à vous faire, vous vous êtes pas forcée !

SONIA BERGEVIN. C'est absolument faux ! Vous voyez, monsieur Beaulieu, le genre de calomnie qu'on a été obligés d'endurer depuis huit ans, mon mari et moi ! De la part de nos *employés* ! Tant qu'à vous, allez donc faire de la boucane ailleurs, j'vais m'occuper de votre cas plus tard.

MARCO. Y est trop tard, madame Bergevin.

SONIA BERGEVIN. On verra bien !

Marco s'éloigne en fumant.

SONIA BERGEVIN. Pis ramassez votre caméra en passant, ça fait pas propre ! *(À Robert.)* J'te dis... C'est décourageant, des fois... Qu'est-ce qu'on disait, donc ?

ROBERT « BOB » BEAULIEU. T'agis encore comme si t'étais la reine mère, hein ?

SONIA BERGEVIN. Quoi ?

ROBERT « BOB » BEAULIEU. J'te regardais faire avec le caméraman... *Nos employés...* Exactement comme si rien s'était passé, comme si Gaston était encore en poste, comme si tu tirais encore les ficelles en coulisses... Laisse-le donc fumer, Sonia, pis laisse la femme du successeur de ton mari jouer les dragons, prends des vacances, un peu, slacke !

SONIA BERGEVIN. Y est même pas marié, le successeur de mon mari !

ROBERT « BOB » BEAULIEU. C'est vrai, j'm'en souvenais pas...

SONIA BERGEVIN. Pis ça m'étonnerait pas qu'y soit gay.

ROBERT « BOB » BEAULIEU. Pis ?

SONIA BERGEVIN. J'ai rien contre les gays, si y avait pas de gays, on serait jamais coiffées... Pis Dieu sait si j'en ai fréquenté ici depuis huit ans, mais à la tête d'une station de télévision, franchement... C'est pas des meneurs, ces gars-là ! Si c'est un chum qu'y a, de quoi ça va avoir l'air dans les réceptions officielles, veux-tu ben me le dire ? Hein ? *(Elle fait comme si elle dénombrait les invités installés autour d'une table.)* Un homme, une femme, un homme, une femme, un homme, un homme, un homme... Franchement ! Non, y est trop jeune, pis y est pas assez homme pour être directeur d'une station de télévison, un point c'est tout ! Y va se faire embarquer su'a tête, pis y aura personne pour l'aider... Non, c'qu'y faut pour mener une station de télévision, c'est une bonne pogne, pas un poignet cassé !

ROBERT « BOB » BEAULIEU. Les préjugés, encore...

SONIA BERGEVIN. T'en as pas de préjugés, toi, peut-être ? Tu t'entendais pas, à table, l'autre soir ? Hein ? Franchement ! Vous vous entendiez pas, Gaston et toi ! Tout ce que vous avez pu dire sur son compte ! Moi-même j'étais choquée !

ROBERT «BOB» BEAULIEU. On disait rien sur son compte, on se posait des questions sur son compte parce qu'on avait jamais entendu parler de lui avant qu'y soit nommé à la tête de la section française de notre télévision d'État pour remplacer Gaston qui est là depuis huit ans! On savait même pas d'où y sortait! Sa nomination est un cadeau politique tellement honteux, tellement gros, que les journaux ont pas encore trouvé la façon de le descendre parce qu'y savent pas quoi dire de lui! Y peuvent rien dire contre lui, y savent pas qui c'est! Ça doit être le fils ou le gendre ou le petit ami de quelqu'un, certain, j'connais personne qui a jamais entendu parler de lui dans le milieu de la télévision! Y arrive tout nu dans' rue, sans curriculum, rien! Tout c'qu'y a, c'est un nom de famille! On dirait que le nouveau gouvernement vient de le recevoir par la poste d'un pays perdu, pis qu'y a pas encore trouvé le mode d'emploi! On peut pas le descendre, on le connaît pas! Pis pour une femme choquée, j'te dis que t'avais l'air d'avoir du fun! Toi pis Jeannine, vous aviez les yeux grands pis les antennes pointées dans notre direction quequ'chose de rare, au cas ou vous entendriez une vacherie dont vous pourriez vous servir plus tard!

SONIA BERGEVIN. Comment a' va, au fait, Jeannine?

ROBERT «BOB» BEAULIEU. Y font encore des analyses... y espèrent encore que c'est rien... On est ben inquiets. Aïe, écoute, ça va faire le *small talk*, là, t'es pas sortie de la salle de conférences pour me parler de la santé de ma femme! Tu y parles trois fois par jour au téléphone! T'avais commencé à me dire quequ'chose de probablement désagréable, là, ça fait que continue au lieu de tourner autour du pot...

SONIA BERGEVIN. Bon, O.K., t'as raison, on a assez transigé, allons directement aux choses importantes...

ROBERT « BOB » BEAULIEU. Tergiversé...

SONIA BERGEVIN. Quoi ?

ROBERT « BOB » BEAULIEU. Pas transigé, tergiversé... Ça fait des années que j'te dis de pas utiliser des mots dont t'es pas sûre, tu fais rire de toi sans t'en rendre compte...

SONIA BERGEVIN. Ça va faire, le patronage !

ROBERT « BOB » BEAULIEU. Le paternalisme... Quoique le patronage, dans notre cas...

SONIA BERGEVIN. J'ai eu le temps de parler un petit peu avec Gaston, avant qu'y commence son discours... et j'avoue que je l'ai convaincu de pas venir discuter avec toi... Quelqu'un pourrait vous voir, la grosse Gariépy, par exemple, ça ferait jaser...

ROBERT « BOB » BEAULIEU. Sonia! Comme si jamais personne nous avait vus discuter avant aujourd'hui ! On passe notre vie à discuter de projets...

SONIA BERGEVIN. Aujourd'hui, c'est pas pareil et tu le sais très bien ! C'est sa journée, à Gaston, y vont le fêter parce qu'y s'en va, y faut le laisser tranquille... le laisser apprécier les témoignages qu'on va y rendre...

ROBERT « BOB » BEAULIEU. C'est vital pour moi que je parle avec ton mari avant ce soir, qu'on règle un contrat important avant cinq heures, tu viendras pas mettre ton nez là-dedans, s'il vous plaît... C'est un projet qui traîne depuis trop longtemps...

SONIA BERGEVIN. Chus au courant, Bob, tu sais bien que Gaston me dit tout...

ROBERT « BOB » BEAULIEU. Pis ? J'vois pas où tu veux en venir, là...

SONIA BERGEVIN. Mon groupe de consultation et moi, on a analysé ton projet bien comme il faut, et j'ai décidé de le rejeter.

Blanc de rage, « Bob » est tout d'abord incapable de répondre.

ROBERT « BOB » BEAULIEU. T'oses appeler ça ton groupe de consultation ! Une gang de vieilles snobs qui ont rien d'autre à faire dans la vie que de critiquer ce que les autres essayent de faire pis de mettre des bâtons dans les roues de ceux qui font pas leur affaire ! C'est pas un groupe de consultation, c'est une assemblée de dames patronnesses !

SONIA BERGEVIN. Attention, Bobby, c'est mes amies... Pis ta misogynie naturelle ressort quand tu parles d'elles... C'est un groupe de femmes très dévouées...

ROBERT « BOB » BEAULIEU. C'est ben ça qui est scandaleux ! Ça fait huit ans que tout ce qui passe à la télévision d'État est supervisé par ton groupe de folles qui existe même pas officiellement ! Vous passez par-dessus tout le monde, vous décidez de tout, surtout toi, la chef, l'éminence grise ! Penses-tu que ça se sait pas ? Pis vous faites même pas ça parce que c'est votre métier, vous le faites *gratuitement, par plaisir* ! Y a rien de plus dangereux au monde que des bénévoles trop zélés, Sonia ! T'as imposé peu à peu ton groupe de harpies à Gaston pis y s'est retrouvé pieds et poings liés sans s'en rendre compte! Ses analystes officiels sont moins puissants que vous autres pour choisir des projets! Vous êtes autour de Gaston comme un essaim de mouches! Vous êtes devenues le vrai pouvoir caché derrière des marionnettes honteusement bien payées pour ne rien décider du tout! «Ça c'est pas bon, *out*, ça c'est bon, on embarque...» Vous êtes la terreur des producteurs privés autant que des chefs de services maison, vous faites la loi partout où vous passez... Même quand une émission nouvelle commence, *pourtant acceptée par toi*, on se demande: «Qu'est-ce que la femme de Gaston et son groupe de pourries vont penser?» C'est pas des farces! C'est pas ton mari qu'on courtise dans les réceptions officielles, c'est toi! Ça fait huit ans que la télévision française nationale a une directice sans le savoir! Pis vous êtes tellement pas subtiles quand vous «délibérez» que tout le monde sait avant Gaston ce que vous pensez des projets! Vous êtes les spécialistes du téléphone arabe et de l'insinuation perfide! Nous autres, on se téléphone pis on se dit: «Y paraît que tel projet va être accepté...», «Y paraît que la femme de Gaston Bergevin a pas aimé le nouveau projet d'une telle parce que c'était un peu trop songé et à saveur un peu trop féministe...», «Y paraît que telle émission va être retirée de l'affiche parce que Sonia Bergevin aime pas ça...» Tu fais courir la nouvelle que c'est Amanda Gariépy qui décide de toute, mais tu sais très bien que c'est toi!

SONIA BERGEVIN. Et alors? Ça sert à quoi de tout me dire ça aujourd'hui? Ça change rien au projet que t'as soumis à Gaston: c'est vulgaire, c'est *cheap*, ça vole bas et j'veux pas que le règne de Gaston se termine sur une note aussi fausse! Sur une tache de gras! J'sais que j'peux être franche avec toi, moi aussi, parce que t'as pas d'illusions sur la qualité de tes productions, que t'aurais même plutôt tendance à être cynique, alors j'te le dis franchement : ce projet-là est le pire que tu nous as jamais soumis et y a des limites à tout. Trop, c'est trop...

ROBERT «BOB» BEAULIEU. Que j'*vous* ai jamais soumis ! Enfin tu le reconnais, le rôle que t'as joué toutes ces années-là...

SONIA BERGEVIN. Certainement, les projets passaient par mes mains depuis huit ans, je le reconnais... J'm'en suis même jamais cachée ! Mon mari me reconnaissait un peu de jugeote et j'avais mis ma jugeote au service de notre télévision nationale, c'est tout ! Y a rien que tes projets à toi, c'est vrai, qui me passaient sous le nez, ce qui fait que t'as pu amplement profiter et même abuser de ton amitié avec Gaston, mais là j'ai décidé que c'était assez. T'as manipulé Gaston assez longtemps, là ça va faire ! On était profondément scandalisées, profondément scandalisées, Bobby, mes amies et moi, que ta compagnie et toi vous osiez présenter un projet aussi botché et aussi pourri ! L'argent des contribuables devrait servir à autre chose qu'à encourager des vulgarités pareilles...

ROBERT «BOB» BEAULIEU. Comme si tu t'en étais jamais préoccupée de l'argent des contribuables !

SONIA BERGEVIN. Robert, fais attention à ce que tu dis, j'ai toujours eu à cœur de présenter des émissions honorables sinon géniales à nos téléspectateurs, et tu le sais très bien ! Mon groupe et moi, on se faisait un point d'honneur de choisir les projets les plus intéressants, les plus... propres, Gaston le savait et c'est pour ça qu'y nous faisait confiance ! Les cotes d'écoute ont presque doublé depuis que Gaston est en poste...

ROBERT « BOB » BEAULIEU. C'est moi qui ai fait doubler les cotes d'écoute, permets-moi de te le souligner !

SONIA BERGEVIN. Bobby, franchement !

ROBERT « BOB » BEAULIEU. Tu peux aller vérifier quand tu voudras ! Les plus grosses cotes d'écoute, c'est mes émissions à moi qui les ont obtenues !

SONIA BERGEVIN. *Le Passé de mon père* a battu tous les records y a deux ans...

ROBERT « BOB » BEAULIEU. Une fois, oui ! Une fois ! Une semaine ! Pis vous en avez fait tout un plat qui a duré quasiment un an ! Vous avez envoyé j'sais pus trop combien de communiqués de presse, tellement que les journalistes ont fini par les mettre directement au panier sans les ouvrir quand y les recevaient ! Moi, pendant ce temps-là, je produisais *Le rire est roi* qui a pété le deux millions de téléspectateurs pendant tout une saison, vingt-trois semaines de suite, Sonia, pas juste une pauvre petite semaine où y avait rien d'autre à regarder ailleurs ! Mais on est pas à un concours, là, Jésus-Christ, on cherche pas à savoir qui c'est qui a la plus grosse quéquette entre les jambes...

SONIA BERGEVIN. Une chance, parce que c'est moi qui risquerais de gagner...

ROBERT « BOB » BEAULIEU. Sonia ! Chus au bord de la faillite, les huissiers sont quasiment rendus dans mes bureaux, j'ai besoin que Gaston signe cette entente-là avant cinq heures parce que je sais que Nelligan Beaugrand-Drapeau la signera jamais et y faut que ça se fasse, sinon chus dans la rue, es-tu capable de comprendre ça ? C'est la première fois que j'm'abaisse à faire appel à ton amitié! On se connaît depuis vingt-cinq ans, tu pourrais avoir un peu de cœur!

SONIA BERGEVIN, *paternaliste.* Ben oui, mais, Bobby, pourquoi t'es dramatique comme ça? Tu vas te rendre malade pour rien! T'as fait faillite trois ou quatre fois pis tu t'en es toujours remis! Tu vas brailler pendant deux mois en faisant paraître dans tous les journaux les lettres de menaces que le méchant gouvernement ou tes méchants créanciers vont t'envoyer pour faire pitié aux yeux du grand public, tu vas faire une belle grosse faillite à peine douteuse, tu vas te retourner dans le temps de le dire, tu vas partir sous un autre nom avec un nouvel associé, un quelconque homme de paille que tu vas avoir ramassé Dieu sait où, pis on va te revoir te pavoiser...

ROBERT «BOB» BEAULIEU. ... me pavaner...

SONIA BERGEVIN. ... te pavaner à la cérémonie des Gémeaux dans deux ans, c'est toujours ça que t'as fait!

ROBERT «BOB» BEAULIEU. Cette fois-là, Sonia, ça serait définitif! C'est trop grave. C'est un *énorme* projet.

SONIA BERGEVIN. Tu dis toujours ça, la voix tremblotante pis la main sur le cœur... C'est toujours un énorme projet, le projet de ta vie, la plus grosse affaire qu'on a jamais vue! Tu parles toujours en superdatifs...

ROBERT «BOB» BEAULIEU. ... superlatifs...

SONIA BERGEVIN. Arrête de me reprendre! Tu parles toujours en superlatifs, comme un gros Américain, pis tu t'écrases toujours en faisant juste un p'tit prout! On t'a assez vu couler pour savoir que tu vas te remettre à flot dans pas longtemps... T'es un *winner*, Bobby, prends ton mal en patience...

ROBERT « BOB » BEAULIEU. Tu me tues, Sonia...

SONIA BERGEVIN. Ben non, ben non... J't'écorche juste un p'tit peu...

ROBERT « BOB » BEAULIEU. Pis si y m'arrive quequ' chose de grave, ça sera de ta faute !

SONIA BERGEVIN. Chus capable d'assumer cette responsabilité-là, mon Bobby !

Elle s'éloigne de lui parce qu'Amanda Gariépy et Nelligan Beaugrand-Drapeau sortent de la salle de conférences.
La critique tient une assiette débordante de victuailles de toutes sortes.
Son assiette est monstrueuse.

AMANDA GARIÉPY, *en mâchant un morceau de quiche.* La « quitche » est froide.

En l'apercevant, Robert « Bob » Beaulieu s'éloigne, désespéré.
Sonia Bergevin reste en plan devant les deux nouveaux arrivants.

SONIA BERGEVIN. Quand c'est des petits carrés comme ça, madame Gariépy, ça se mange froid. Quand c'est en pointes, ça se mange chaud, mais en petits carrés, comme ça, la *quiche*, ça se mange froid...

AMANDA GARIÉPY. Ouan? Ben c'est pas bon, froid! Ça goûte trop les épinards!

Entre Marco, avec sa caméra.

AMANDA GARIÉPY. Vous avez retrouvé votre bebelle, vous?

MARCO. C'est pas une bebelle, madame Gariépy, c'est une arme!

Amanda Gariépy rit la bouche pleine.

AMANDA GARIÉPY. C'est bon, ça, c'est bon! Une bonne réponse.

Les deux autres se sentent obligés de rire.

AMANDA GARIÉPY. Choisissez-vous aussi les caméramans vous-même, madame Bergevin?

SONIA BERGEVIN. J'comprends pas c'que vous voulez dire...

MARCO. Pensez-vous! J'aurais eu aucune chance d'être engagé!

Il entre dans la salle.

SONIA BERGEVIN, *pour changer la conversation.* Mon mari a terminé son petit discours?

AMANDA GARIÉPY, *en mangeant un canapé au saumon fumé.* Ouan. C'tait un peu long. Vous auriez dû faire ça un peu plus court... Mais vous aviez raison, y a pas de câpres avec le saumon fumé, c'est ben meilleur.

SONIA BERGEVIN. Et... vous regardez pas les petits extraits que mon mari et son équipe ont préparés avec tant de patience ?

AMANDA GARIÉPY. J'haïs ça, ces montages-là ! Que c'est que ça nous donne de voir un gros trente secondes d'une émission, voulez-vous ben me dire ? Pis soixante fois trente secondes, moi ça me mélange, chus pas assez intelligente pour comprendre ça... J'vas attendre de voir ça au complet, ces petites émissions-là...

SONIA BERGEVIN. Voyons donc... *(En essayant de rire.)* Pourquoi vous venez à nos conférences de presse, alors... *(Elle montre l'assiette de la critique.)* Quand même pas juste pour ça !

AMANDA GARIÉPY. Quand j'veux bien manger, j'vas ailleurs, madame Bergevin !

SONIA BERGEVIN, *entre ses dents.* Mais vous mangez beaucoup quand même !

AMANDA GARIÉPY. Pardon ?

SONIA BERGEVIN. Rien... Rien...

AMANDA GARIÉPY. En fait, j'voulais être sûre d'avoir le temps de bien interviewer notre nouveau sauveur de la télévision ici présent avant que tout le monde se garroche dessus comme la misère sur le pauvre monde...

Elle regarde Nelligan Beaugrand-Drapeau en mâchant.

AMANDA GARIÉPY. Y est pas mal beau, vous trouvez pas?

SONIA BERGEVIN. Bon, bien... si vous voulez bien m'excuser... j'vais aller regarder ça, moi...

AMANDA GARIÉPY. C'est ça, faites donc ça...

Elle s'écrase littéralement dans un fauteuil.
Nelligan Beaugrand-Drapeau s'installe lui aussi, mais pas trop près.

AMANDA GARIÉPY. Vous devez être tanné de vous faire dire que vous êtes beau, hein?

NELLIGAN BEAUGRAND-DRAPEAU. J'pense pas qu'on soit venus ici pour parler de ça, madame Gariépy...

AMANDA GARIÉPY. Pourquoi pas? C'est tellement plus intéressant que ce qui se passe dans c'te salle ennuyante-là... Ça m'étourdit, moi, ces montages-là...

Engoncée dans son fauteuil, elle n'arrive pas à ramasser son verre de vin rouge qu'elle a posé par terre avant de s'asseoir.
Nelligan Beaugrand-Drapeau se penche pour le ramasser.

AMANDA GARIÉPY. Vous devriez rester dans cette position-là, vous seriez sûr de toujours avoir des bonnes critiques dans mon journal.

Elle part d'un rire gras qui dure assez longtemps pour mettre Nelligan encore plus mal à l'aise.

AMANDA GARIÉPY. Pensez-vous que j'étais sérieuse ?

NELLIGAN BEAUGRAND-DRAPEAU. Ben non, voyons...

AMANDA GARIÉPY. Êtes-vous ben sûr ?

Il se contente de sourire niaisement, se relève.

AMANDA GARIÉPY. Nelligan Beaugrand-Drapeau... À vous tout seul, vous êtes un répertoire de noms connus ! Un des noms de famille les plus *respectés* du pays, le nom d'un grand poète comme prénom... Ça doit être difficile à assumer, ça, Nelligan, comme prénom, pour un petit garçon...

NELLIGAN BEAUGRAND-DRAPEAU. Passé l'adolescence, quand on se rend compte qu'on n'a pas de velléités d'écrire de grands poèmes, qu'on n'a même aucun talent pour l'écriture, ça s'endure...

AMANDA GARIÉPY. Vous avez jamais demandé à vos parents pourquoi y vous avaient appelé comme ça?

NELLIGAN BEAUGRAND-DRAPEAU. Ma mère aimait la poésie.

AMANDA GARIÉPY. J'veux bien, la mienne aussi, pis j'm'appelle pas Baudelaire Gariépy pour autant !

Nelligan Beaugrand-Drapeau est décontenancé par la mauvaise foi d'Amanda Gariépy

AMANDA GARIÉPY, *changeant brusquement de ton.* Vous êtes ben *cute*, mais personne a l'air de savoir d'où vous sortez, au juste. D'où est-ce que vous sortez, donc? On a jamais entendu parler de vous, pis vous débarquez, comme ça, gros Jean comme devant...

NELLIGAN BEAUGRAND-DRAPEAU. J'viens d'Outremont...

AMANDA GARIÉPY. Oui, ça je le sais, j'viens de vous dire que je connais votre famille par cœur... J'vous demande pas l'histoire de votre vie pis quelles sortes de maladies d'enfant vous avez eues, et vous le savez très bien. Faites-nous pas perdre un temps précieux, monsieur Beaugrand-Drapeau, pis on va bien s'entendre...

NELLIGAN BEAUGRAND-DRAPEAU, *froidement.* J'viens de Concordia, via l'UQAM, département de cinéma, j'ai un doctorat en communication. J'ai passé trois ans à Ottawa en sortant de l'université. Est-ce que c'est assez succinct pour vous?

AMANDA GARIÉPY. Si jeune pis déjà docteur... Vous deviez être le *boy wonder* de votre promotion, certain! C'est pour ça que vous vous sentez la mission de guérir notre télévision de tous ses *maux*?

Elle rit de son bon mot.
Sourire condescendant de Nelligan.

NELLIGAN BEAUGRAND-DRAPEAU. Ça prend pas un doctorat pour se rendre compte que la télévision est malade, madame.

AMANDA GARIÉPY, *en finissant une petite quiche froide.* C'est bien ce que je me dis... C'est d'ailleurs pour ça que j'aime mieux un vieux pro qui agit vite et bien qu'un jeune docteur sans expérience qui risque de se faire rogner les ailes dans le temps de le dire... Ça prend pas un doctorat non plus pour se rendre compte que vous avez pas d'expérience...

NELLIGAN BEAUGRAND-DRAPEAU. Faites-vous-en pas pour moi, j'ai la couenne dure !

AMANDA GARIÉPY. La couenne ! À l'âge que vous avez, ça m'étonnerait que vous ayez jamais rencontré un morceau de couenne en personne... Surtout si vous venez d'Outremont ! *(En mordant dans un canapé.)* Ce beau gros cadeau politique-là, comment vous l'avez eu, donc ? Des connexions de la grande famille Beaugrand-Drapeau qui a des ramifications un peu partout dans le pays ?

NELLIGAN BEAUGRAND-DRAPEAU. D'abord, c'est pas du tout un cadeau politique...

AMANDA GARIÉPY, *qui fait semblant de s'étouffer.* Monsieur Beaugrand-Drapeau, s'il vous plaît, vous allez me faire rendre mon lunch plus tôt que je pensais !

NELLIGAN BEAUGRAND-DRAPEAU. Si vous étiez un peu plus renseignée, vous sauriez déjà que j'ai dirigé pendant deux ans une étude très sérieuse sur la télévision, à Ottawa, une étude commencée sous l'ancien gouvernement, que mon rapport a été déposé sur le bureau du nouveau premier ministre il y a quelques mois et que ce rapport commence à faire des vagues...

AMANDA GARIÉPY. Le *fameux* rapport Beaugrand-Drapeau ? Jamais entendu parler.

NELLIGAN BEAUGRAND-DRAPEAU. On m'avait prévenu que vous étiez exaspérante et de mauvaise foi, mais...

AMANDA GARIÉPY. Vous avez encore rien vu, monsieur Beaugrand-Drapeau, j'ai pas encore parlé de vous dans mes chroniques.

NELLIGAN BEAUGRAND-DRAPEAU. Est-ce que ça veut dire que c'est déjà la guerre ouverte entre nous ?

AMANDA GARIÉPY. Mettez-vous à ma place ! Un nouveau directeur de la programmation arrive à la télévision française d'État, on n'a jamais entendu parler de lui, juste de son nom de famille qui a d'ailleurs été mêlé à tous les conflits d'intérêts du pays dans les cinquante dernières années...

NELLIGAN BEAUGRAND-DRAPEAU. J'vous défends de parler de ma famille de cette façon-là...

AMANDA GARIÉPY. On peut rien contre les faits connus de tout le monde, monsieur Beaugrand-Drapeau... Et en plus, ce jeune homme est censé être l'auteur d'un rapport inconnu qui est *supposé* avoir commencé à faire des vagues alors qu'on en a encore jamais entendu parler ! Un rapport commencé sous l'ancien gouvernement et *accepté* par le nouveau sans être mis sur les tablettes ! On se croirait dans un roman de science-fiction !

NELLIGAN BEAUGRAND-DRAPEAU. J'ai jamais dit que le rapport portait mon nom !

AMANDA GARIÉPY. Vous avez dit que vous l'aviez dirigé ! *(Insinuante.)* C'était pas vrai ?

NELLIGAN BEAUGRAND-DRAPEAU. L'ancien premier ministre, qui avait d'énormes qualités au contraire de ce qu'on laissait croire quand il était au pouvoir, ne voulait pas que le rapport porte le nom d'un homme aussi jeune que moi, un nom, en plus, aussi connu que le mien, à cause du tollé de protestations que ça aurait soulevé, et il avait tout à fait raison...

AMANDA GARIÉPY. Vous seriez pas un peu mégalo sur les bords, monsieur Beaugrand-Drapeau ? J'vas avoir du fun avec vous ! Est-ce que tout ce que vous me contez là est vérifiable ? J'ai des espions partout, vous savez, et je peux vérifier les dires de n'importe qui, n'importe quand, en moins de vingt-quatre heures ! Alors, contez-moi pas n'importe quoi ! J'vous l'ai dit, tout à l'heure, j'ai pas de temps à perdre.

NELLIGAN BEAUGRAND-DRAPEAU. Moi non plus. Vous êtes peut-être la première journaliste que je rencontre aujourd'hui, mais vous êtes loin d'être la dernière.

AMANDA GARIÉPY. Ça, je m'en fous... Et laissez-moi vous dire que vous allez trouver les autres journalistes pas mal plates après moi...

NELLIGAN BEAUGRAND-DRAPEAU. En parlant de mégalomane...

AMANDA GARIÉPY. Chuis pas mégalomane, monsieur Beaugrand-Drapeau, chuis *vraiment* puissante !

Nelligan Beaugrand-Drapeau secoue la tête pendant qu'Amanda Gariépy se lèche les doigts.

AMANDA GARIÉPY. Et pour vous remercier de vos bons et loyaux services sous l'*ancien* gouvernement, le *nouveau* premier ministre vous a nommé ici ! C'est un fichu de beau cadeau, ça ! C'est une preuve de confiance incroyable... je dirais même difficile à avaler... J'veux bien croire que le nouveau gouvernement n'a aucun intérêt pour la culture, mais de là à donner la télévision à un parfait inconnu... Mais c'est vrai... vous étiez déjà là, disponible, la main tendue... Vous mangez à tous les râteliers, monsieur Beaugrand-Drapeau, comme tous les mâles de votre famille depuis trois ou quatre générations ?

NELLIGAN BEAUGRAND-DRAPEAU. Écoutez, qu'est-ce que vous avez, au juste, contre ma famille ?

AMANDA GARIÉPY. J'ai rien contre votre famille...

NELLIGAN BEAUGRAND-DRAPEAU. Vous critiquez les quatre dernières générations de Beaugrand-Drapeau depuis tout à l'heure...

AMANDA GARIÉPY. J'les critique pas, j'fais des constatations... J'dis des choses que tout le monde sait ! Dans tous les portraits de famille des nouveaux gouvernements fédéraux depuis le début du siècle, y a toujours un petit

Beaugrand-Drapeau qui se pointe le nez quelque part dans les derniers rangs, en haut, à gauche... Des fois, on leur voit juste la moitié du corps tellement sont pas importants, mais sont là, je l'ai pas inventé... Vous êtes omniprésents ! Discrets, mais omniprésents !

NELLIGAN BEAUGRAND-DRAPEAU. Et selon vous, ça fait de ma famille une famille de pourris depuis quatre générations ?

AMANDA GARIÉPY. C'est vous qui utilisez le mot pourri, j'vous ferai remarquer, moi j'aurais jamais osé ! *(Moqueuse.)* Mais revenons-en à votre nomination...

NELLIGAN BEAUGRAND-DRAPEAU. De toute façon, en bonne journaliste vous déformez déjà ce que j'ai dit. Je n'ai jamais prétendu avoir été le premier choix pour ce poste-là... Si j'ai été nommé, c'est peut-être parce que notre premier ministre n'a trouvé personne d'autre...

AMANDA GARIÉPY. Bon, la fausse humilité, maintenant.

NELLIGAN BEAUGRAND-DRAPEAU. C'est pas de la fausse humilité, je suis tout simplement réaliste ! Et si vous m'interrompez tout le temps, j'pourrai jamais me rendre au bout d'une idée !

AMANDA GARIÉPY. Si j'vous interromps tout le temps, c'est pour vous empêcher de vous renfoncer le pied un peu plus loin dans la gorge ! Votre nomination est un exemple probant de patronage, monsieur Beaugrand-Drapeau, moi je le sais, vous, vous le savez et demain matin le pays entier va le savoir !

NELLIGAN BEAUGRAND-DRAPEAU. Comme si tout le pays vous lisait...

AMANDA GARIÉPY. Vous seriez surpris...

NELLIGAN BEAUGRAND-DRAPEAU. Si j'avais été nommé par l'ancien gouvernement, ç'aurait été un cadeau politique... Mais je n'ai jamais travaillé pour le gouvernement actuel...

AMANDA GARIÉPY. On peut se faire ami avec n'importe quel gouvernement assez rapidement quand on y met du sien. J'espère que ça vous fâchera pas trop si je vous rappelle, j'vous promets que ce sera la dernière fois, que les Beaugrand-Drapeau en ont toujours été un exemple concluant...

NELLIGAN BEAUGRAND-DRAPEAU, *la coupant.* De toute façon, vous croyez pas qu'y serait plus intelligent de vous concentrer sur mes projets plutôt que de contester mon curriculum vitæ? Et celui de ma famille au complet? Ce que j'ai l'intention de faire avec notre télévision nationale est quand même plus important que mes origines!

AMANDA GARIÉPY. Est-ce que votre curriculum vitæ vous inquiéterait, par hasard...?

NELLIGAN BEAUGRAND-DRAPEAU. Pas du tout! Tout ce que je vous ai dit est vérifiable, vous me l'avez déjà demandé et je vous l'ai déjà dit...

AMANDA GARIÉPY. En fait, vous m'avez pas dit grand-chose...

NELLIGAN BEAUGRAND-DRAPEAU. Vous m'avez pas beaucoup laissé le temps de m'exprimer...

AMANDA GARIÉPY. Et si je vous disais que je l'ai déjà vérifié ?

NELLIGAN BEAUGRAND-DRAPEAU. Vérifié quoi ?

AMANDA GARIÉPY. Votre curriculum vitæ...

Nelligan sursaute.

NELLIGAN BEAUGRAND-DRAPEAU. Vous l'avez vérifié ?

AMANDA GARIÉPY. Mettons que je l'ai fait... Mettons que je sais déjà tout de vous, que j'ai commencé à fouiller quand j'en entendu parler de votre nomination, Ottawa est pas loin, vous savez, que j'ai posé des questions directes, qu'on m'a répondu de façon directe et franche... Est-ce que vous croyez que ça changerait le contenu de notre entrevue ?

NELLIGAN BEAUGRAND-DRAPEAU, *après une légère hésitation.* Pas du tout ! Encore une fois, tout ce que je vous ai dit est vrai !

AMANDA GARIÉPY. Ah oui ? On verra bien.

Nelligan est de plus en plus mal à l'aise.
Amanda Gariépy mange.

AMANDA GARIÉPY. Croyez-vous à la génération spontanée, monsieur Beaugrand-Drapeau ?

NELLIGAN BEAUGRAND-DRAPEAU. Pardon?

AMANDA GARIÉPY. Est-ce que vous croyez à la génération spontanée...

NELLIGAN BEAUGRAND-DRAPEAU. Y a pus personne qui croit à la génération spontanée depuis longtemps.

AMANDA GARIÉPY. Ah bon.

NELLIGAN BEAUGRAND-DRAPEAU. Ah. Je vois où vous voulez en venir... Le fils de famille qui arrive de nulle part et qui se retrouve ici, on sait pas trop comment...

AMANDA GARIÉPY. Un bon point pour vous. J'vous donnais une minute. Passé une minute, j'me levais pis j'partais. Ç'aurait même pas valu la peine de discuter avec vous...

NELLIGAN BEAUGRAND-DRAPEAU. Vous devez être déçue...

AMANDA GARIÉPY. Pas du tout. J'aime les bonnes grosses engueulades ben franches.

NELLIGAN BEAUGRAND-DRAPEAU. Surtout qu'elles finissent toujours en votre faveur.

AMANDA GARIÉPY. Ça veut dire quoi, ça?

NELLIGAN BEAUGRAND-DRAPEAU. Ça veut dire que vous avez toujours le dernier mot parce que vous écrivez ce que vous voulez dans votre journal...

AMANDA GARIÉPY. Vous doutez de mon honnêteté ?

NELLIGAN BEAUGRAND-DRAPEAU. On s'en reparlera quand j'aurai lu votre papier.

AMANDA GARIÉPY. J'ai bien peur que vous ayez pas tellement envie de me parler quand vous aurez lu mon papier...

NELLIGAN BEAUGRAND-DRAPEAU. Merci de me prévenir.

AMANDA GARIÉPY. Je suis sûre que vous saviez déjà tout ça...

Nelligan fait mine de se lever.

AMANDA GARIÉPY. J'espère que vous pensez pas que notre entretien est terminé ?

NELLIGAN BEAUGRAND-DRAPEAU. Comme vous allez de toute façon écrire ce que vous voulez, chuis pas obligé d'y assister...

AMANDA GARIÉPY. Oh... un autre bon point pour vous, ça... Le travailleur probe, insulté dans sa dignité... Un bien beau personnage... Y arrive de nulle part mais y a quand même son honneur ! *(Se léchant les doigts.)* Vous auriez quand même dû prendre du dessert... Le reste est épouvantable mais les petits gâteaux sont sublimes...

NELLIGAN BEAUGRAND-DRAPEAU. J'sais vivre, j'me sers pas avant tout le monde, j'attends que le traiteur ait enlevé le papier cellophane sur les assiettes avant de me servir.

Elle le regarde assez longtemps avant de lui répondre.

AMANDA GARIÉPY. Je vais vous dire une dernière chose avant de passer aux questions concernant vos beaux projets, monsieur Beaugrand-Drapeau. Dites-vous bien que dans un monde comme celui que vous allez commencer à fréquenter — j'pense que je peux vous dire ça parce que je suis persuadée que vous ne le connaissez pas beaucoup malgré ce que vous prétendez — un monde où le *look* et les belles paroles sont plus importants que les accomplissements, ça peut servir pour un journaliste de jouer les épais et les vulgaires ! Les grands dieux de la télévision, quand y vous méprisent, sont plus faciles à faire parler...

Nelligan Beaugrand-Drapeau rit de bon cœur.

NELLIGAN BEAUGRAND-DRAPEAU. Vous allez quand même pas me dire qu'Amanda Gariépy est un personnage inventé par vous pour jeter la poudre aux yeux et faire parler ses victimes ? Que sous toute cette couche de vulgarité se cache une âme pure et dure de journaliste honnête et chevaleresque qui se sert de son déguisement pour débusquer et punir les méchants ?

AMANDA GARIÉPY. J'aime bien le mot chevaleresque utilisé pour une femme. C'est tellement rare...

NELLIGAN BEAUGRAND-DRAPEAU. C'tait une farce, aussi...

AMANDA GARIÉPY. Y me semblait bien, aussi...

Elle sort un calepin bon marché de son sac à main.

AMANDA GARIÉPY. Si j'me suis inventé un personnage, monsieur Beaugrand-Drapeau, dites-vous bien que vous allez être obligé de l'endurer, parce que j'ai pas l'intention de changer juste parce que vous venez d'être parachuté dans ma vie. Surtout que c'est un personnage *très* efficace, qui me sert depuis plus de trente ans! Pis assoyez-vous, j'aime pas être obligée de lever la tête pour poser mes questions.

Nelligan Beaugrand-Drapeau se rassoit, toujours avec un petit air condescendant.

NELLIGAN BEAUGRAND-DRAPEAU. Vous aimez dominer la situation?

AMANDA GARIÉPY. Toujours.

NELLIGAN BEAUGRAND-DRAPEAU. Le premier ministre m'a dit, et vous pouvez aller le lui demander s'il accepte de vous recevoir — parce que je ne crois pas que vous soyez allée fouiller jusque-là malgré ce que vous prétendez — le premier ministre m'a dit qu'il voulait secouer notre télévision nationale qui avait tendance à s'enliser, en nommant un homme plutôt jeune au poste que j'occuperai à partir de demain matin plutôt qu'un professionnel plus expérimenté qui se contenterait de perpétuer ce qui existe déjà... Pour secouer la cage, en quelque sorte... C'est risqué mais courageux de sa part, je trouve... N'allez pas penser que je ne connais rien parce que vous n'avez jamais entendu parler de moi... Mes idées plaisaient au premier ministre même si j'étais une *créature* de l'ancien régime et...

AMANDA GARIÉPY. J'vous ai pas demandé un discours d'inauguration, monsieur Beaugrand-Drapeau, j'vous ai même pas posé de question...

NELLIGAN BEAUGRAND-DRAPEAU, *changeant de ton.* Je n'avais pas l'intention de descendre aussi bas durant ce premier contact avec vous malgré votre réputation, mais écoutez-moi bien, madame Gariépy : comme vous le savez sûrement, vous qui savez tout, le nouveau premier ministre et le directeur de votre journal sont amis depuis toujours, ils ont fréquenté les mêmes écoles, la même université, ils font partie des mêmes clubs et jouent souvent au golf ensemble... Ils se vantent même d'avoir eu les mêmes femmes au temps de leur jeunesse folle...

AMANDA GARIÉPY, *le coupant.* Que vous êtes jeune ! Et naïf ! Vous venez de dire *la* chose qu'y fallait pas dire ! On voit comment votre famille manœuvre ! Mais j'vas être bonne joueuse pis j'vas vous faire le cadeau de faire comme si j'avais rien entendu ! À cause de votre inexpérience. Et de votre beau petit cul ! Mon patron m'adore, monsieur Beaugrand-Drapeau, parce que je fais vendre des copies de son journal, oui, oui, oui, faites pas cet air-là, j'ai beaucoup de lecteurs fidèles et parmi les plus influents, par-dessus le marché ! Et le public me lit parce que chuis baveuse ! Chuis un cadeau du ciel pour un journal, monsieur Beaugrand-Drapeau, même si j'ai pas de Gariépy importants derrière moi, parce que *je fais vendre des copies* ! Pis en plus, chus syndiquée jusqu'aux yeux ! Chus protégée de tous les côtés ! Probablement beaucoup plus que vous ! J'écris sur la télévision depuis trente ans, monsieur Beaugrand-Drapeau, pis j'pense pas que vous occuperez encore votre poste dans trente ans ! Chus même pas sûre qu'on se souviendra de votre nom dans six mois. Rapport Beaugrand-Drapeau ou pas ! J'ai vu passer beaucoup de directeurs de la programmation avant vous et j'en verrai passer encore beaucoup après vous ! Vous êtes de passage, pas moi ! J'ai une bonne santé et une résistance à toute épreuve ! Chus pas tuable, pis chus pas écartable ! Et dites-vous bien une chose : y a rien qui me fait peur ! Rien ni personne ! Maintenant on peut commencer l'interview.

NELLIGAN BEAUGRAND-DRAPEAU, *décontenancé mais ne voulant pas perdre la face.* Vous ne vous servez même pas d'une enregistreuse !

AMANDA GARIÉPY. Ma mémoire est l'enregistreuse la plus fidèle que je connaisse ! Et mon crayon me laisse jamais tomber !

Nelligan Beaugrand-Drapeau secoue la tête.

AMANDA GARIÉPY. Comme ça, quand on va ouvrir notre poste de télévision, le lendemain de la fête du travail, on se reconnaîtra pus tellement, vous allez avoir tout chambardé !

NELLIGAN BEAUGRAND-DRAPEAU. Je n'ai jamais dit ça. Vous savez mieux que personne, vous qui vous vantez de faire de la critique de télévision depuis trente ans, qu'une station de télévision ne se transforme pas du jour au lendemain...

AMANDA GARIÉPY. Vous en promettez tellement, pourtant, dans vos nombreuses et si passionnantes interviews... Vous parlez comme un premier communiant qui vient d'être touché par la grâce... À vous entendre, la révolution culturelle n'attend que vous pour exploser !

NELLIGAN BEAUGRAND-DRAPEAU. Vous pouvez vous moquer, mais vous ne pouvez pas me prendre en défaut là-dessus : je ne parle jamais de limite de temps...

AMANDA GARIÉPY. Combien de temps vous vous donnez, alors ? À moi vous pouvez me le dire, vous savez comme chuis discrète...

NELLIGAN BEAUGRAND-DRAPEAU. Je dirais que ça va sûrement prendre tout le temps de mon mandat, mon premier contrat est de quatre ans, pour donner à notre télévision nationale une image qui ressemble à peu près à celle que je voudrais lui voir prendre...

Amanda, perplexe, regarde Nelligan.

AMANDA GARIÉPY. Avez-vous un problème de dédoublement de personnalité, monsieur Beaugrand-Drapeau ?

NELLIGAN BEAUGRAND-DRAPEAU. Pourquoi vous me demandez ça ?

AMANDA GARIÉPY. Quand vous parlez de la télévision ou de votre nouveau poste, j'ai l'impression que c'est un autre personnage qui me parle... Vous utilisez les négations, vous parlez comme un gramophone, comme si tout ce qui sortait de votre tête était préparé d'avance, appris par cœur... Vous me donnez l'impression d'être un enregistrement, monsieur Beaugrand-Drapeau. Seriez-vous un homme de paille qui a bien appris sa leçon ?

NELLIGAN BEAUGRAND-DRAPEAU. Je ne suis pas un homme de paille ! Imaginez-vous donc qu'y m'arrive de penser, madame Gariépy, que la nouvelle orientation de notre télévision a été longuement et mûrement réfléchie, que je sais de quoi je parle parce que j'y ai beaucoup pensé avant d'accepter ce poste et que, oui, c'est vrai, je me suis préparé pour ce genre d'interview parce que je ne voulais pas tomber dans les pièges qui me seraient sûrement tendus par des vieux pros comme vous... Et je me rends compte que je n'avais pas tort !

AMANDA GARIÉPY. Donnez-moi un exemple.

NELLIGAN BEAUGRAND-DRAPEAU. Un exemple de quoi... De piège ? Vous êtes pas facile à suivre, hein...

AMANDA GARIÉPY. Un exemple de ce que vous voulez changer... Une chose que vous voudriez voir disparaître... Par exemple, qu'est-ce que vous avez l'intention de couper en premier, là, quequ'chose qui vous énerve vraiment et dont vous voulez vous débarrasser aussitôt en poste...

NELLIGAN BEAUGRAND-DRAPEAU, *après un moment de réflexion.* L'omniprésence de l'humour ! J'en ai assez de l'envahissement de la télévision par les câmiques !

AMANDA GARIÉPY. Qu'est-ce que vous avez contre les comiques ? J'aime ça, moi, les comiques...

NELLIGAN BEAUGRAND-DRAPEAU. Moi aussi, mais...

AMANDA GARIÉPY. Vous aimez pas ça rire, vous !

NELLIGAN BEAUGRAND-DRAPEAU. Oui, j'aime ça, mais pas tout le temps...

AMANDA GARIÉPY. Vous trouvez pas que la vie est assez triste comme ça? Y en a assez, y me semble, des choses tristes, à la télévision! Ça fait du bien de rire, un peu!

NELLIGAN BEAUGRAND-DRAPEAU. Un peu, oui, justement. Vous n'allez quand même pas prétendre que la télévision, la privée comme la publique, n'est pas scandaleusement envahie par les câmiques depuis quelques années!

AMANDA GARIÉPY. Pis? C'est sûrement pas moi qui vas m'en plaindre!

NELLIGAN BEAUGRAND-DRAPEAU. Sous prétexte de nous faire rire, y z'envahissent tout et nous disent quoi faire et quoi penser... Ils sont devenus sermonneux, pédants, prétentieux, démagogues... C'est les nouveaux curés des années quatre-vingt-dix! Et tout est fait autour d'eux et pour eux...

AMANDA GARIÉPY. Pis? C'est pas mieux de nous faire comprendre les choses en nous faisant rire qu'en nous faisant pleurer? Certains de nos grands comiques sont de fins philosophes, monsieur Beaugrand-Drapeau, et nous font comprendre beaucoup de choses...

NELLIGAN BEAUGRAND-DRAPEAU. Je n'ai rien contre nos grands comiques, ils ont leur place, mais je me révolte devant l'envahissement de la télévision par *tous* les comiques, n'importe lesquels, les *pires* comme les meilleurs! Nous n'avons plus d'objectivité devant le comique, madame Gariépy, nous en sommes rendus à accepter n'importe quoi, *n'importe quoi*, à condition que ça nous fasse rire! Parce que le rire paye! Parce que le comique est bon pour les cotes d'écoute! Depuis que la télévision d'État est hystérique pour les cotes d'écoute à cause des coupures de budget, tout est fait en fonction du câââmique! Nous sommes devenus un peuple de comiques, de grimaceux, de niaiseux! Tout ce qu'on voit à la télévision, c'est des personnages d'épais qui sont incapables de placer deux mots d'affilée sans sortir une idiotie... Y sont prêts à tout pour nous soutirer un rire gras et payant pour eux! Trouvez-moi un autre pays où un comique enlève son dentier pour faire rire le monde! Nous sommes une télévision d'État, madame Gariépy, notre argent vient de l'État et notre mission à l'origine, si vous vous souvenez bien, était une mission culturelle! Même avec moins d'argent, notre mission reste culturelle! Et chuis pas convaincu qu'un dentier dans un verre d'eau fasse partie de la culture de mon pays!

AMANDA GARIÉPY. Tout dépend de ce que vous entendez par mission culturelle, monsieur Beaugrand-Drapeau! *(Se moquant.)* Les « téléthéyâtres » ? Les concerts ennuyants qui nous ont barbés pendant toute notre enfance ? L'heure du concert ? L'opéra du dimanche après-midi ? Le petit vieux qui refait toujours la même peinture depuis des années ? La télévision est censée être faite pour les gens qui la regardent, pas pour ceux qui la font ! Si le public veut voir des comiques, qu'on y donne des comiques, j'ai rien contre...

NELLIGAN BEAUGRAND-DRAPEAU. Si on donne au public uniquement ce qu'il veut voir, la télévision n'évoluera jamais... Y aurait sûrement des façons de présenter des classiques sans tomber dans le « téléthéyâtre », comme vous dites, ou les concerts ennuyants...

AMANDA GARIÉPY. Des ballets télévisés, ça sera toujours plate pour crever la bouche ouverte, un point c'est tout!

NELLIGAN BEAUGRAND-DRAPEAU. Faits sans imagination, oui...

AMANDA GARIÉPY, *le coupant*. Et c'est vous, un petit morveux qui a eu la chance de naître nanti, qui allez dicter ce que la télévision doit nous présenter ! Et comment on doit rire, si jamais vous nous en laissez le droit ?

NELLIGAN BEAUGRAND-DRAPEAU. Si on respecte un peu le public, on nivelle pas la télévision par le bas ! Si on maintient le public dans la facilité comme ça se fait maintenant, il va *vouloir* rester dans la facilité, c'est sûr... Mais la télévision, en plus d'une mission culturelle, a aussi une responsabilité sociale, madame Gariépy, une responsabilité d'éducation...

AMANDA GARIÉPY. Et vous voulez combler cette responsabilité-là par une télévision ennuyante comme la pluie ?

NELLIGAN BEAUGRAND-DRAPEAU. Pourquoi est-ce que ce serait ennuyant ? Juste parce que ça serait pas drôle ? Ça veut dire que vous êtes pour une télévision de la niaiserie, madame Gariépy ? Vous aimez mieux rire devant des niaiseries que de risquer d'être obligée de réfléchir devant ce qui est sérieux ?

AMANDA GARIÉPY. Du sérieux, du déprimant, du désespérant, j'en ai quand je regarde les nouvelles ! Mais ça paraît que vous me lisez pas !

NELLIGAN BEAUGRAND-DRAPEAU. Détrompez-vous, j'vous lis très souvent...

AMANDA GARIÉPY. Vous devriez savoir alors que les émissions sérieuses, j'les regarde, que j'en parle volontiers et longuement quand elles sont bonnes et qu'elles le méritent...

NELLIGAN BEAUGRAND-DRAPEAU. Mais vous êtes plus sévère avec elles qu'avec les émissions comiques! J'vous lis depuis mon enfance, madame Gariépy, parce que la télévision m'a toujours passionné, alors je connais votre style et vos goûts personnels! Vous êtes un écrivain dont je suis la carrière depuis des années! Vous avez plus écrit en trente ans que les plus prolifiques de nos écrivains, saviez-vous ça? Quand vous conseillez à un auteur de téléroman de se reposer un peu, vous ne regardez pas les quelques dizaines de milliers de pages que vous avez pondues vous-même, à l'année, depuis trente ans! Y a pas un seul écrivain qui a écrit autant que vous dans toute sa vie! Et vos goûts personnels ne devraient pas transparaître dans ce que vous écrivez parce qu'un critique devrait être objectif, mais vos papiers suintent et hurlent vos goûts personnels! Si j'étais vraiment méchant, j'ajouterais même qu'après trente ans, vous avez perdu toute objectivité et que ce que vous écrivez n'est plus qu'un journal de bord d'une regardeuse de télévision scandaleusement trop payée pour le faire et non pas l'opinion d'un critique intègre! Vous êtes honteusement généreuse et complaisante avec les émissions drôles, madame Gariépy, et vous accordez très peu d'espace à ce qui est sérieux. Ou culturel. Et en plus, vous cumulez!

AMANDA GARIÉPY. Comment ça, je cumule!

NELLIGAN BEAUGRAND-DRAPEAU. Ne faites pas l'innocente! Personne n'ose jamais vous dire ces choses-là, hein? Même pas votre patron? Il vous *aime* à ce point-là? Vous êtes payée plusieurs fois pour faire la même critique et personne vous en fait jamais la remarque? Vous écrivez un papier pour votre journal, vous touchez un premier salaire, vous répétez ce que vous avez dit dans ce papier-là à la radio tous les matins, vous touchez un deuxième salaire, vous écrivez une troisième fois les mêmes maudites affaires pour les revues spécialisées, hebdomadaires ou mensuelles, avec un *troisième et un quatrième salaire*! Ça finit par être intéressant, hein? Être payée quatre fois pour le même article! Mais c'est pas votre procès personnel que je veux faire, madame Gariépy...

AMANDA GARIÉPY. On le jurerait, pourtant... En tout cas, on peut pas dire que vous avez froid aux yeux...

NELLIGAN BEAUGRAND-DRAPEAU. C'est un bon point pour moi, ça, ou une mauvaise note?

AMANDA GARIÉPY. En tout cas, c'est un bon point pour l'audace, je dois l'avouer... Vous êtes un curieux personnage, monsieur Beaugrand-Drapeau. Y me semble que si j'étais la nouvelle directrice de la télévision d'État, je serais plutôt gentille avec la critique, surtout au début de mon mandat, comme ça. C'est pas dans votre intérêt d'être agressif avec moi comme vous l'êtes.

NELLIGAN BEAUGRAND-DRAPEAU. J'annonce tout de suite la couleur. J'ai décidé de ne pas avoir peur de vous autres.

AMANDA GARIÉPY. Ou de faire comme si... Mais vous avez raison, c'est vrai que personne ose jamais me dire les choses que vous venez de me dire... Écoutez, si on me paye pour faire plusieurs fois la même chose, est-ce que je devrais refuser de le faire juste parce que ça choque votre conscience? J'ai pas signé de contrat d'exclusivité avec mon journal ! Y a des acteurs qui ont trois téléromans, moi aussi j'ai le droit d'avoir plusieurs jobs ! Pis qu'est-ce que j'ai à me justifier comme ça, tout d'un coup ? Chuis pas ici pour répondre à vos questions !

NELLIGAN BEAUGRAND-DRAPEAU. En tout cas, moi, j'ai répondu à la vôtre, vous en ferez bien ce que vous voudrez. Vous m'avez demandé un exemple de ce que je veux changer à la télévision, je vous en ai donné un... Je n'ose pas m'aventurer dans les téléromans vieillots et passéistes parce que je sais que vous les aimez aussi... De toute façon, que vous soyez d'accord ou non ne changera rien à ma ligne de conduite... Ne critiquez pas d'avance ce qui n'est pas encore fait !

AMANDA GARIÉPY. Vous voulez faire reculer notre télévision de trente ans, c'est vous qui êtes passéiste, monsieur Beaugrand-Drapeau, je le pense et je me permets de vous le dire... et je vais me permettre de l'écrire dès demain matin dans ma chronique...

Elle termine son verre de vin rouge.
Sonia Bergevin et Marco sortent de la salle de conférences.

SONIA BERGEVIN. Vous faites exprès, hein, pour m'envoyer de la boucane en pleine face !

MARCO. J'vous envoyais pas de boucane en pleine face !

SONIA BERGEVIN. Vous fumiez à côté de moi, ça revient au même ! J'vous ai demandé tout à l'heure d'aller fumer dans une cage de fumeurs pis j'vous retrouve à côté de moi en train de pomper comme une cheminée dans un endroit où c'est défendu !

MARCO. J'fumais là parce que c'était près de la porte pis que je pensais que ça dérangeait personne ! C'est vrai que je vous empêchais d'écouter ce qui se passait ici...

SONIA BERGEVIN. Je sais que vous faites tout pour m'exaspérer parce que vous pensez que j'peux pus rien contre vous, mais dites-vous bien...

Elle aperçoit les deux autres et change brusquement de ton.

SONIA BERGEVIN. Comment ça va, vous deux? J'espère que l'interview se déroule bien? Avez-vous besoin de quelque chose? Le buffet va ouvrir dans quelques minutes, Amanda, j'peux vous apporter une *autre* petite assiette, si vous le désirez...

AMANDA GARIÉPY. Vous pouvez slacquer, un peu, *Sonia*, c'est pas votre mari que j'interviewe, là, vous êtes pus obligée d'être tèteuse avec moi !

Marco éclate de rire en sortant.

SONIA BERGEVIN. Amanda, j'vous assure...

AMANDA GARIÉPY. J'avais une discussion importante avec monsieur Beaugrand-Drapeau, vous nous dérangez, là, alors si vous voulez bien nous excuser.

SONIA BERGEVIN, *rouge d'humiliation.* Mon mari avait raison de dire c'qu'y disait de vous...

AMANDA GARIÉPY. Pardon ?

SONIA BERGEVIN. Rien. Rien du tout. J'pourrais être méchante, mais j'vais me retenir... J'me retiens depuis huit ans, j'peux attendre une après-midi de plus...

Elle sort, la tête haute mais visiblement secouée.

AMANDA GARIÉPY. Vous voyez ce que la peur peut faire ?

NELLIGAN BEAUGRAND-DRAPEAU. Vous aimez ça, hein ?

AMANDA GARIÉPY. J'avoue que j'haïs pas ça...

NELLIGAN BEAUGRAND-DRAPEAU. Jamais vous me mettrez dans cet état-là, madame Gariépy.

AMANDA GARIÉPY. Pensez-vous ?

NELLIGAN BEAUGRAND-DRAPEAU. Absolument.

AMANDA GARIÉPY. On verra bien.

Marco est revenu et filme Amanda et Nelligan.
Nelligan regarde dans sa direction et prend une pose.
Amanda s'en aperçoit et se met à hurler en essayant de se lever de son fauteuil.

AMANDA GARIÉPY, *d'une voix terrible.* Arrête ça tu-suite ! Arrête ça tu-suite !

MARCO. C'est pour les nouvelles de ce soir...

AMANDA GARIÉPY. Donne-moi c'te cassette-là *immédiatement*!

Elle est debout et se jette sur Marco.

MARCO. Vous pouvez pas m'empêcher de filmer ce qui se passe à la conférence de presse, c'est du domaine public!

AMANDA GARIÉPY. Laisse faire le domaine public, j'veux pas me voir à la télévision à soir, un point c'est tout! Tu devrais le savoir que j'veux pas être filmée! Personne n'a eu le droit de me filmer en trente ans, c'est pas toi qui vas commencer!

Marco se sauve en courant.

AMANDA GARIÉPY. Le petit calvaire! Y va me payer ça, lui!

NELLIGAN BEAUGRAND-DRAPEAU. Allez-vous faire des pressions, madame Gariépy? Est-ce que votre patron et le sien sont amis? Mon Dieu, c'est vrai, son patron, c'est moi! Et le caméraman est syndiqué, lui aussi! J'sais pas lequel des deux syndicats l'emporterait, hein? Admettons que vous me téléphoniez pour faire des pressions ou tout simplement pour que je vous rende ce service-là... Qui aurait le bon bout du bâton, croyez-vous? Si le public a le droit de savoir d'où je viens, y a aussi le droit de savoir de quoi vous avez l'air!

Amanda se dirige vers la sortie.

NELLIGAN BEAUGRAND-DRAPEAU. Mais c'est pas vous qu'on a filmée, madame! C'est le personnage que vous

vous êtes inventé ! Est-ce que je peux considérer cette interview comme étant terminée ?

AMANDA GARIÉPY. J'saurai bien vous retrouver !

NELLIGAN BEAUGRAND-DRAPEAU. Ça va être beau dans le journal demain...

AMANDA GARIÉPY. En effet... Attachez-vous bien après votre bureau avant de lire mon article !

Amanda sort, furieuse.
Robert «Bob» Beaulieu, qui a entendu une grande partie de la conversation, s'approche de Nelligan Beaugrand-Drapeau.

ROBERT «BOB» BEAULIEU. Les critiques sont toujours des gens qui s'aiment pas. *(Lui tendant la main.)* Robert Beaulieu. C'est moi, le grand responsable de l'envahissement de la télévision par les câmiques.

NELLIGAN BEAUGRAND-DRAPEAU. Enchanté. Enfin, je...

ROBERT «BOB» BEAULIEU. Non, non, non, c'est correct... vous avez le droit d'être enchanté...

NELLIGAN BEAUGRAND-DRAPEAU. J'suppose que vous avez tout entendu...

ROBERT «BOB» BEAULIEU. Pas tout, non...

NELLIGAN BEAUGRAND-DRAPEAU. Mais une bonne partie...

ROBERT « BOB » BEAULIEU. Mais une bonne partie

NELLIGAN BEAUGRAND-DRAPEAU. Vous vous étiez caché pour espionner ?

ROBERT « BOB » BEAULIEU. Pas encore en poste et déjà paranoïaque ? J'vous espionnais pas du tout. Vous auriez eu juste à tourner la tête pour me voir fumer, là-bas, dans mon fauteuil... même si j'avais pas le droit. Les cages de fumeurs m'angoissent, je trouve que c'est une atteinte à ma vie privée, des cellules de prisonniers politiques, alors je les évite...

NELLIGAN BEAUGRAND-DRAPEAU. Vous savez... J'sais pas au juste ce que vous avez entendu de notre conversation... J'vous aurais probablement dit les mêmes choses, éventuellement...

ROBERT « BOB » BEAULIEU. Mais pas sur le même ton ? L'ère de l'euphémisme, hein, c'est ça ? On dit les vraies affaires à ceux que ça concerne pas directement, mais aux principaux intéressés, on choisit ses mots, comme pour un malade... Vous m'auriez donné rendez-vous dans votre grand bureau du dix-huitième étage que je connais mieux que vous pour l'avoir fréquenté pendant huit ans, vous m'auriez bercé de beaux mots, vous auriez essayé de m'hypnotiser avec un discours aussi compliqué que creux et je me serais quand même retrouvé la queue entre les jambes et le bec à l'eau... J'aime mieux l'avoir appris de cette façon-là, ça m'en disait plus sur vous...

NELLIGAN BEAUGRAND-DRAPEAU. J'ai dit à madame Gariépy, tout à l'heure, vous m'avez peut-être entendu...

j'espère que vous m'avez entendu... que je n'avais rien contre le comique de qualité...

ROBERT « BOB » BEAULIEU. Et je suppose que vous allez m'expliquer, toujours avec des beaux mots, c'est quoi, le comique de qualité ? Gardez votre salive, monsieur Beaugrand-Drapeau, je le sais mieux que vous mais moi, ma spécialité, voyez-vous, c'est le gros comique gras qui paye ! Chus pas là pour éduquer par le rire, comme vous le souhaiteriez tant, mais pour faire de l'argent avec le rire. Alors on pourra jamais s'entendre...

Il se retourne pour sortir.

NELLIGAN BEAUGRAND-DRAPEAU. Vous refusez de discuter de tout ça avec moi ?

ROBERT « BOB » BEAULIEU. J'suppose que si je vous disais que j'ai pas de temps à perdre, vous me trouveriez prétentieux, alors à quoi ça sert... De toute façon, c'est pas *discuter* avec moi que vous voulez, c'est *me dire des choses,* pis ce que vous avez à dire, je l'ai entendu tout à l'heure. Je changerai pas pour vous faire plaisir, monsieur Beaugrand-Drapeau, chus trop vieux pis trop avancé dans ma carrière pour ça.

Il croise Marco qui revient avec sa caméra.

MARCO. Avez-vous vu la grosse Gariépy ?

ROBERT « BOB » BEAULIEU. A'l' a pas réussi à te rattraper ?

MARCO. Non, mais 'est capable de se cacher dans la toilette des hommes pour me surprendre quand j'm'y attendrai pus...

ROBERT «BOB» BEAULIEU, *en entrant dans la salle de conférences.* Non, est pas repassée par ici. Mais si je la vois, j'te l'envoie, j'te le promets.

Marco veut le suivre pour protester.

NELLIGAN BEAUGRAND-DRAPEAU. Attendez un peu.

MARCO. C'est à moi que vous parlez?

NELLIGAN BEAUGRAND-DRAPEAU. Oui, oui. J'voudrais vous parler.

Marco s'approche, curieux.

NELLIGAN BEAUGRAND-DRAPEAU. Et si *moi* je vous demandais la cassette?

MARCO. Quelle cassette?

NELLIGAN BEAUGRAND-DRAPEAU. Faites pas l'innocent.

MARCO. Qu'est ce que vous voulez faire avec? La détruire?

NELLIGAN BEAUGRAND-DRAPEAU. Peut-être.

MARCO. Vous pouvez pas me demander ça.

NELLIGAN BEAUGRAND-DRAPEAU. C'est-à-dire que je peux toujours vous le demander, mais vous allez m'envoyer promener en vous réfugiant derrière l'éthique professionnelle...

MARCO. C'est à peu près ça, oui. Ce qui est enregistré là-dessus est intouchable... Domaine public. Amanda Gariépy vous fait si peur que ça?

NELLIGAN BEAUGRAND-DRAPEAU. Quelles que soient mes raisons, si je vous demande la cassette, vous allez refuser...

MARCO. Oui, pis si vous insistez, j'vas vous répondre que vous commencez votre règne sur un bien mauvais pied... J'ai une bien grande gueule, monsieur Beaugrand-Drapeau, et j'pense pas que je pourrais la retenir bien longtemps...

NELLIGAN BEAUGRAND-DRAPEAU. Chantage...

MARCO. Comme tout ce qui se fait ici... Vous allez l'apprendre assez vite... À vos dépens, au début, mais vous allez vite apprendre à vous en servir.

NELLIGAN BEAUGRAND-DRAPEAU. Si on m'avait dit que c'est un caméraman qui me ferait la morale quand j'entrerais en fonction, j'aurais bien ri...

MARCO. Tout le monde va vous faire la morale à sa façon, monsieur Beaugrand-Drapeau, tout le monde va vous donner des conseils... Faut juste que vous trouviez tout seul ceux qui valent la peine d'être écoutés...

NELLIGAN BEAUGRAND-DRAPEAU. Et vous en faites partie ?

MARCO. Tout le monde est convaincu d'être pertinent, c'est évident... Un problème de plus à résoudre...

NELLIGAN BEAUGRAND-DRAPEAU. Et si je vous offre de l'argent pour la cassette ?

MARCO. Ah... un pot-de-vin ! Essayez-vous de me tester ?

NELLIGAN BEAUGRAND-DRAPEAU. Si vous êtes si *avisé* que ça, vous devriez pouvoir le deviner... Est-ce que je vous offre vraiment de l'argent, est-ce que je vous tends un piège ? Un problème de plus à résoudre...

Sybille Berger sort de la salle de conférences.

MARCO. Ouf, sauvé par ma boss ! Vous saurez jamais si on peut me soudoyer !

NELLIGAN BEAUGRAND-DRAPEAU. J'finirai bien par le savoir... *(À Sybille.)* C'est terminé ?

SYBILLE BERGER. Ça achève. Vous l'avez vu, le montage qu'on vient de présenter aux journalistes, monsieur Beaugrand-Drapeau ?

NELLIGAN BEAUGRAND-DRAPEAU. Oui, hier...

Une inexplicable antipathie règne entre eux.
Ils se parlent comme si chacun trouvait l'autre imbécile.

SYBILLE BERGER. Est-ce que je peux vous demander ce que vous en pensez pour les nouvelles de ce soir?

NELLIGAN BEAUGRAND-DRAPEAU. Certainement.

SYBILLE BERGER. Marco, prépare-toi... Allez-vous *vraiment* me dire ce que vous en avez pensé?

NELLIGAN BEAUGRAND-DRAPEAU. Pas si j'en ai pensé du mal, non.

SYBILLE BERGER. Donc y a pas moyen de savoir ce que vous pensez vraiment.

NELLIGAN BEAUGRAND-DRAPEAU. C'est-à-dire que vous ne saurez jamais si ce que je vous dis est *vraiment* ce que je pense, non. Mais c'est le cas pour tous les gens que vous interviewez, non?

SYBILLE BERGER. Croyez-vous?

NELLIGAN BEAUGRAND-DRAPEAU. Pensez-vous vraiment pouvoir lire dans la tête des gens pendant qu'ils répondent à vos questions?

SYBILLE BERGER. Non, mais j'peux les prendre par surprise et leur faire dire des choses qu'ils auraient tendance à garder pour eux...

NELLIGAN BEAUGRAND-DRAPEAU. En trente secondes!

SYBILLE BERGER. Mais j'oserais jamais essayer avec vous.

NELLIGAN BEAUGRAND DRAPEAU. Merci.

SYBILLE BERGER, *à Marco.* Es-tu prêt?

MARCO, *en regardant vers Nelligan Beaugrand-Drapeau.* Attends un peu... Y faut de je recule mon *tape*... J'ai enregistré des choses inutiles tout à l'heure, ça sert à rien de perdre du temps avec ça au montage...

Nelligan Beaugrand-Drapeau lui fait un petit signe de reconnaissance.
Marco lui répond par un grand sourire.

SYBILLE BERGER. Je vous préviens, c'est très court.

NELLIGAN BEAUGRAND-DRAPEAU. Je connais vos topos, courts mais efficaces.

SYBILLE BERGER. Merci du compliment.

Sonia et Gaston Bergevin sortent de la salle de conférences.

SONIA BERGEVIN. Laisse-moi te regarder comme y faut... Ta cravate est encore croche... T'as plein de pellicules sur les épaules... Eh, maudit, une chance que je t'ai demandé de sortir un peu pour t'examiner... On dirait que tu sors d'une tempête de neige!

Gaston semble exaspéré mais se laisse faire.

SYBILLE BERGER. O.K.?

MARCO. Ça marche pour moi... Quand vous voulez...

Sonia les aperçoit et pousse son mari dans la salle de conférences.

SONIA BERGEVIN. Vas-y, j'te rejoins...

GASTON BERGEVIN. J'veux entendre c'qu'y va dire, moi aussi...

SONIA BERGEVIN. J'vas te le dire... Vite, ça va finir !

Gaston sort.
Sonia écoute, un peu penchée par en avant.

SYBILLE BERGER. Monsieur Beaugrand-Drapeau, vous êtes le nouveau directeur de la station et vous venez d'assister au lancement de la dernière saison de monsieur Bergevin. Est-ce qu'on peut vous demander ce que vous en avez pensé ?

NELLIGAN BEAUGRAND-DRAPEAU. Certainement, mademoiselle Bergeron.

SYBILLE BERGER. Berger.

NELLIGAN BEAUGRAND-DRAPEAU. Berger, pardon. Comme tout ce qu'a fait monsieur Bergevin depuis huit ans, sa nouvelle saison est très équilibrée. Je dirais d'ailleurs que c'était la grande qualité de monsieur Bergevin, ce bel équilibre, et j'espère pouvoir continuer dans le même sens.

SYBILLE BERGER. Est-ce qu'on peut vous demander de nous dévoiler quelques-unes de vos priorités en tant que nouveau directeur de la station ?

NELLIGAN BEAUGRAND-DRAPEAU. Je regrette, mais il est beaucoup trop tôt pour ce genre de déclarations... mais dites-vous bien que ma priorité sera toujours la qualité, comme mon prédécesseur !

Moment de flottement.

SYBILLE BERGER. Merci, monsieur Beaugrand-Drapeau.

NELLIGAN BEAUGRAND-DRAPEAU. De rien.

Marco coupe sa caméra.

SYBILLE BERGER. Merci bien.

NELLIGAN BEAUGRAND-DRAPEAU. Y a pas de quoi.

MARCO. J'en connais une qui va hurler si a' regarde les nouvelles à soir... Un bel équilibre !

SYBILLE BERGER. Pardon ?

MARCO. Rien, rien...

Sonia s'est approchée de Nelligan.

SONIA BERGEVIN. Vous êtes bien cachottier, monsieur Beaugrand-Drapeau...

NELLIGAN BEAUGRAND-DRAPEAU. Y faut pas donner tout ce qu'on a le premier jour, madame Bergevin...

SONIA BERGEVIN. Y est-tu fou...

Gaston sort furieux de la salle de conférences.

GASTON BERGEVIN. Y m'ont pas posé une seule question ! Y se sont garrochés sur le buffet comme des enragés pis y m'ont pas posé une seule question ! On aurait dit que même mes chefs de sections me tournaient le dos !

SONIA BERGEVIN. Sont-tu fous? Y savent pas vivre ! Retournes-y !

GASTON BERGEVIN. J'existe pus, Sonia, c'est ça qui arrive !

SONIA BERGEVIN. Voyons donc, Gaston...

GASTON BERGEVIN, *plus bas.* Y étaient à mes pieds quand c'est moi qui menais, y étaient collés après moi comme des mouches, mais là y veulent rien savoir de moi ! C'est au p'tit morveux qu'y veulent parler, là, j'suppose ! Tout nouveau, tout beau !

SONIA BERGEVIN. Évidemment, c'qu'on a préparé, nous autres, ça vaut rien !

Gaston est allé vers Nelligan.

GASTON BERGEVIN. J'pense que tu devrais aller te montrer là-dedans, mon petit Nelligan, ça mettrait peut-être un peu de vie...

NELLIGAN BEAUGRAND-DRAPEAU. Oui, tout de suite, avec plaisir... Vous venez avec moi?

GASTON BERGEVIN. Vas-y, j'vas te rejoindre...

NELLIGAN BEAUGRAND-DRAPEAU. Non, non, j'insiste, ce serait important qu'on nous voie ensemble.

GASTON BERGEVIN. C'est toi qu'y veulent voir! Moi, ça a l'air qu'y m'ont assez vu!

NELLIGAN BEAUGRAND-DRAPEAU. Est-ce que madame Gariépy est là?

GASTON BERGEVIN. Ben sûr, a' manquerait pas ça pour tout l'or du monde... 'Est arrivée essoufflée pis en maudit, par exemple, j'sais pas ce qui se passait... T'as pas été impoli avec elle, j'espère? 'Est coriace, tu sais, pis puissante!

NELLIGAN BEAUGRAND-DRAPEAU. Ne vous inquiétez pas, j'ai la situation en mains... Bon, allons-y, c'est le temps d'affronter mes premiers requins... *(Juste avant de sortir.)* J'aimerais vous voir dans mon bureau, demain matin, mademoiselle Berger... Disons... onze heures?

Il sort.
Petit moment de gêne.
Les cinq personnages se regardent sans rien dire.
Seul Marco semble s'amuser.

SYBILLE BERGER. Tu peux aller manger, Marco...

MARCO. J'ai pas faim.

SYBILLE BERGER. J'te crois pas, t'as toujours faim! T'es toujours le premier à te bourrer dans les buffets... T'es la terreur des conférences de presse!

MARCO. Vous vouliez pas interviewer monsieur Bergevin?

SYBILLE BERGER. Marco...

MARCO. Bon, bon...

Il s'éloigne en secouant la tête.

SYBILLE BERGER. Mais reste pas trop loin, j'peux encore avoir besoin de toi...

MARCO. Chus en service jusqu'à cinq heures, j'connais mon métier!

SONIA BERGEVIN, *tout bas, à son mari.* Qu'est-ce qu'on fait... on y retourne?

GASTON BERGEVIN. J'ai ben envie de sacrer mon camp...

SONIA BERGEVIN. Si a' peut s'en aller, *elle,* qu'on arrête de parler tout bas! J'ai l'impression d'être une intrigante!

Son mari la regarde d'une drôle de façon.

SYBILLE BERGER. Excusez-moi d'insister, monsieur Bergevin, mais est-ce que je pourrais vous voir deux minutes seul à seule? Excusez-moi, madame Bergevin, mais c'est un problème professionnel...

GASTON BERGEVIN. C'est vraiment pas le moment, mademoiselle Berger...

SONIA BERGEVIN. Non, certain !

SYBILLE BERGER. Mais vous m'aviez promis que je pourrais vous... interviewer après la projection...

GASTON BERGEVIN. Je retire ma promesse, mademoiselle Berger !

SONIA BERGEVIN. Ouan !

GASTON BERGEVIN. C'est-tu clair ? Si les autres veulent pas m'interviewer, vous m'interviewerez pas vous non plus, c'est tout !

SONIA BERGEVIN. C'est ça, t'as ben raison, c'est tout ou rien !

SYBILLE BERGER. C'est enfantin...

GASTON BERGEVIN. Peut-être, mais c'est comme ça !

SYBILLE BERGER. Monsieur Bergevin... Monsieur Beaugrand-Drapeau vient de me donner rendez-vous pour demain matin, vous l'avez entendu... J'ai peur pour mon emploi...

GASTON BERGEVIN. Votre contrat ne se termine que dans trois mois... J'vous l'ai dit tout à l'heure... Euh, l'autre jour...

SYBILLE BERGER. Oui, mais...

GASTON BERGEVIN. Et dans trois mois je serai parti depuis trois mois! Vous discuterez de tout ça avec votre nouveau patron... *(Il lui fait de grands yeux pour qu'elle comprenne qu'il ne peut pas lui parler.)* Bonne journée, mademoiselle Berger!

Sonia fait un petit sourire cynique.
Sybille Berger sort.
Long silence gêné.

ROBERT «BOB» BEAULIEU. T'es un peu dur, Gaston.

SONIA BERGEVIN. Bobby! Franchement! S'il vous plaît, hein! *(En regardant son mari.)* Si a' veut garder son emploi, a' fera c'qu'a'l' a fait pour l'avoir!

GASTON BERGEVIN. Sonia! Voyons donc, qu'est-ce que tu dis là...

SONIA BERGEVIN. C'est vrai qu'avec le p'tit Beaugrand-Drapeau, c'est son petit frère qu'a' devrait envoyer à sa place... *(À son mari.)* Qu'est-ce que t'as à me regarder comme ça...

GASTON BERGEVIN. Tu viens de dire deux énormités de suite, sans même t'en rendre compte...

SONIA BERGEVIN. Ça fait huit ans que t'en dis ici, toi, pis personne te le reproche! Si j't'avais repris chaque fois que t'as dis une énormité, ça ferait longtemps que j'aurais pus de salive! *(Elle s'approche très près de lui, le regarde droit dans les yeux.)* Les épouses d'hommes de pouvoir, ça ferme les yeux par pur intérêt, Gaston... Mais quand y a pus de pouvoir, y a pus d'intérêt, pis les épouses d'hommes de pouvoir se vengent... *Watch out,* mon Gaston, au jour où t'auras pus du tout de pouvoir... Tu vois c'que je veux dire?

Elle se dirige vers la porte.

SONIA BERGEVIN. Salut, Bob... Tu diras bonjour à Jeannine.

Elle sort.

GASTON BERGEVIN. Le pire, c'est qu'est très capable de se venger...

ROBERT «BOB» BEAULIEU. Venge-toi avant elle, c'est tout!

GASTON BERGEVIN. Quoi?

ROBERT «BOB» BEAULIEU. Venge-toi avant elle! Donnes-y pas le temps de faire son *move,* pis fesse! Renouvelle le contrat de Sylvie, pis signe le mien! Ça va la faire chier pour le reste de ses jours!

GASTON BERGEVIN. Es-tu fou? Tu la connais...

ROBERT «BOB» BEAULIEU. T'as quand même pas peur d'elle!

GASTON BERGEVIN. J'me ferais tuer, Bobby, j'en entendrais parler pendant des années...

ROBERT « BOB » BEAULIEU. Tu vas entendre parler pendant des années de ce que t'as déjà faite, de toute façon, ça fera pas grand différence !

GASTON BERGEVIN. Mais a'l' a pas de *preuves* de ce que j'ai déjà faite ! Si je renouvelle le contrat de Sylvie, ça va être la preuve qu'a'l'avait raison de me soupçonner, que je la protégeais tout ce temps, pis peut-être plus ! Si un jour a'l'a la preuve de ça, Bob, chus faite !

ROBERT « BOB » BEAULIEU. Mais t'as pas envie de laisser Sylvie se débrouiller toute seule comme ça ! A' va se retrouver hôtesse ou ben téléphoniste dans le temps de le dire !

GASTON BERGEVIN. Sylvie fait une bonne job pis Beaugrand-Drapeau a pas l'air d'être ce genre de gars-là... Y veut peut-être juste faire avec elle c'qu'on a faite, nous autres...

ROBERT « BOB » BEAULIEU. Y est pas gay ?

GASTON BERGEVIN. Pas toi aussi ! Qu'est-ce que vous avez tous, donc ? Pis qu'est-ce qui te prend de vouloir défendre Sylvie comme ça, tout d'un coup, toi ! Quand a' t'a laissé pour moi, t'as voulu la tuer, te tuer toi-même, me tuer moi... Ça avait pris deux tonnes de valiums pour te faire redescendre un peu...

ROBERT « BOB » BEAULIEU. Voyons donc, je l'ai jamais vraiment aimée, Sylvie...

GASTON BERGEVIN. J'parle pas d'amour, non plus ! Sylvie t'appartenait depuis queq's'années, pis y était pas question que quelqu'un d'autre mette la main sur ta propriété! Quand a'l' a quitté ta compagnie pour venir travailler pour moi, ton orgueil a été doublement blessé pis tu l'as pas pris! Mais j'te connais... Y a toujours un deuxième sens à ce que tu dis... C'est toi que tu défends en défendant Sylvie, j'en suis convaincu... C'qui va y arriver, à elle, t'intéresse pas pantoute, au fond, mais tu veux que je signe ton maudit contrat pis tu vas tout faire pour que j'le fasse... même sauver Sylvie! Tu fais appel à mon amitié pour vous deux, mais c'est juste toi que tu veux sauver...

ROBERT «BOB» BEAULIEU, *tout à coup agressif.* Donne-moi une bonne raison, une seule bonne raison, Gaston, qui t'empêche de signer ce contrat-là! Ça fait des années qu'on fait affaire ensemble, t'as toujours été satisfait de nos ententes, t'en as toujours tiré un profit assez intéressant! On se comprend bien, hein, Gaston, *t'as toujours tiré un profit intéressant de nos petites ententes...* Mes pots-de-vin avaient pas si mauvais goût... Ben pourquoi t'as décidé de m'égorger au dernier moment, hein? Tu veux que je tombe avec toi, c'est ça, tu veux qu'on s'écrase en même temps? Tu prends pas que le nouveau gouvernement t'aye remplaçé par un petit trou de cul qui pourrait continuer à faire des affaires avec moi, pis t'as décidé de m'entraîner avec toi dans ta chute!

GASTON BERGEVIN. Toujours les grands mots... T'as toujours été mélodramatique, Bob... J'ai une seule raison pour pas vouloir signer ces deux contrats-là le jour de mon départ. J'sais que tu vas hurler, mais c'est vrai pareil: j'veux pas signer ces deux contrats-là le jour de mon départ par *pure éthique professionnelle*!

ROBERT «BOB» BEAULIEU. Par pure éthique professionnelle!

GASTON BERGEVIN. Je le savais que tu hurlerais...

ROBERT « BOB » BEAULIEU. Mais l'éthique professionnelle, t'as jamais connu ça, Gaston !

GASTON BERGEVIN. Voyons donc !

ROBERT « BOB » BEAULIEU. Jamais !

GASTON BERGEVIN, *agressif.* Ben disons que j'ai une attaque soudaine de scrupule, aujourd'hui ! Que je considère que mon nom a été assez sali comme ça pis que j'veux pas qu'on dise de moi dans mon dos que le jour de mon départ, j'ai sauvé du marasme mon meilleur ami pis ma maîtresse !

ROBERT « BOB » BEAULIEU. Ça tient pas deboute, c'que tu dis-là ! C'tait à toi de les signer avant, les maudits contrats, t'aurais pas eu de problème de scrupule le jour de ton départ !

GASTON BERGEVIN. Le contrat de Sylvie finit pas avant des mois, j'pouvais pas le renouveler, comme ça, *out of nowhere,* voyons donc, pis j'attendais les résultats de mes comités de lecture avant de signer le tien...

ROBERT « BOB » BEAULIEU. *Tes* comités de lectures... T'es tellement plein de marde, Gaston ! C't'encore Sonia-la-ventriloque, hein, qui a le bras rentré dans ton cul jusqu'au coude pis qui te fait parler ! C'est pas son chien qui devrait s'appeler Pépinot, c'est toi ! Êtes-vous arrangé, ensemble, hein, c'est-tu ça ? A'l' a-tu faite semblant de te menacer tout à l'heure pour te faciliter la tâche avec moi ? Pour que j'aye pitié de toi ?

GASTON BERGEVIN. La paranoïa, encore...

ROBERT « BOB » BEAULIEU. Comment tu veux que je réagisse ! T'as jamais eu de scrupules, Gaston, t'as toujours pensé d'abord et avant tout à ton intérêt, pourquoi tu commencerais à en avoir aujourd'hui ? Pour laver ton nom ? Fais-moi pas rire ! Ça prendrait plus que ça pour te blanchir, pis tu le sais très bien ! T'as tellement toujours été en conflit d'intérêts toute ta vie que tu serais probablement pas capable de vivre autrement !

GASTON BERGEVIN. Bob, franchement !

ROBERT « BOB » BEAULIEU. C'est absolument vrai ! T'es un *wheeler-dealer* déguisé en directeur de station de télévision, Gaston ! Tu vendais des chars avant d'être promu ici !

GASTON BERGEVIN. J'vendais pas des chars, j'faisais de la politique !

ROBERT « BOB » BEAULIEU. Tu te mettais chum avec du monde qui faisaient de la politique, c'est pas pareil ! Pis quand t'as été nommé ici, ton entourage au complet a frisé l'hystérie tellement on voyait des signes de piasse partout ! Tout le monde autour de toi, moi le premier, est en conflit d'intérêts, viens pas me parler d'éthique professionnelle ! Toi t'es à la tête de la télévision nationale de ton côté, pis moi chus subventionné jusqu'aux oreilles par les deux paliers de gouvernement, le fédéral pis le provincial, pour produire des émissions de télévision ! On risque rien ni l'un ni l'autre, pis on produit comme des lapins avec l'argent de tout le monde ! Moi je fais se rencontrer du monde qui ont de l'argent, j'mets tout ça ensemble, j'prends ma belle grosse *cut* avant que la production commence, j'te donne ton petit cadeau pis j'produis avec ce qui reste! Y a juste une fraction du budget initial qui aboutit sur l'écran pis nous autres, on est un petit peu plus riches! Avec ses taxes, le public paye deux fois pour avoir une télévision nationale, une fois à Québec, une fois à Ottawa, pis en plus y me subventionne moi sans le savoir pour que je produise avec ta complicité pis des restants de budgets! Y paye trois fois! Pis en plus, comble du cynisme, on le pousse à acheter des produits aux sept minutes! Viens pas me dire qu'y a pas de conflit d'intérêts là-dedans! Ton directeur des dramatiques est un écrivain minable protégé par toi, j'sais pas trop pour quelles raisons, d'ailleurs, pis qui est en train de produire ses œuvres complètes avec ta bénédiction et toujours l'argent des contribuables! Pis y se promène partout en se comparant à Balzac parce qu'il a déjà écrit un feuilleton à succès pis que Balzac écrivait des feuilletons! Je l'ai entendu, Gaston, utiliser le nom de Balzac pour parler de lui-même dans une interview avec Sylvie, en disant qu'il faisait le même métier que Balzac, qu'il était en quelque sorte un Balzac québécois! Alors que si t'étais pas là pour le protéger, on aurait jamais entendu parler de lui! Ton chef de pupitre, aux nouvelles, était dans notre classe, au collège Sainte-Marie, Jésus-Christ! Tes chroniqueuses culturelles ont toujours été tes maîtresses!

GASTON BERGEVIN. Pas toujours...

ROBERT «BOB» BEAULIEU. Toujours! Sylvie est la troisième en huit ans! Ta secrétaire est ton amie d'enfance pis 'est obligée de te dire vous devant le monde! Ton directeur des variétés est en même temps un agent d'artistes, Gaston. Peux-tu trouver plus pourri que ça, un agent d'artistes qui plogue ses clients à l'année dans les émissions qu'y produit lui-même, toujours avec l'argent des contribuables, pis qui empêche les artistes des autres écuries de paraître à une télévision qui est supposée appartenir à tout le monde ! Pis y est indélogeable, en plus, parce que non seulement y est protégé par toi mais y est aussi un grand ami de votre grande boss ! A' le voit dans sa soupe pis a' y laisse toute passer comme si a' voyait rien ! Même une dénonciation en bonne et due forme viendrait pas à bout de lui ! *(Court silence.)* Es-tu sur son payola à lui aussi, coudonc ? J'ai jamais osé te le demander, mais là j'te le demande ! Touches-tu un « dividende » sur tout c'que tu produis ?

GASTON BERGEVIN. On est en affaires ou on l'est pas, Bob...

ROBERT « BOB » BEAULIEU. Quelle réponse plate ! Hé, qu'on est devenu du monde plate, Gaston ! Tu te souviens comment c'qu'on avait du fun, au collège ! À quel point on se moquait de tout le monde, à quel point on était sûrs d'être supérieurs à tout le monde ! On avait décidé que tout le monde étaient des trous de cul pis on n'était pas loin de le croire pour vrai ! On allait tous les fourrer pis finir riches ! L'avenir nous appartenait ! On avait le cynisme juvénile pis fringant ! Là, on a le cynisme ventripotent pis fatigué ! On est ventripotents pis fatigués à cinquante ans, Gaston, qu'est-ce que ça va être quand on va prendre notre retraite !

Gaston Bergevin a sursauté au mot « retraite ».

GASTON BERGEVIN. Pourquoi tu parles de retraite ?

Sur les entrefaites arrive Amanda Gariépy avec une nouvelle assiette.

AMANDA GARIÉPY. J'dérange-tu quequ'chose ?

GASTON BERGEVIN. Vous, là...

Il ne trouve pas ses mots.

AMANDA GARIÉPY. Ben quoi, qu'est-ce qu'y a ?

GASTON BERGEVIN. Sortez ! IMMÉDIATEMENT !

AMANDA GARIÉPY. Voyons donc !

GASTON BERGEVIN. Immédiatement ! ÇA FAIT HUIT ANS QUE J'ME RETIENS, ÇA FAIT HUIT ANS QUE J'RÊVE DE VOUS DIRE ÇA : DONNEZ-MOI IMMÉDIATEMENT VOTRE ASSIETTE PIS SORTEZ !

AMANDA GARIÉPY. Prenez sur vous un peu...

GASTON BERGEVIN. Donnez-moi votre assiette ! Tout de suite !

AMANDA GARIÉPY. Ben voyons donc, y veut mon assiette, y est-tu fou, lui ! Arrêtez-le quelqu'un !

Il s'approche d'elle et lui arrache presque l'assiette des mains.

GASTON BERGEVIN. Ça fait huit ans que vous vous plaignez que vous mangez mal quand vous venez ici, à nos conférences de presse, pis c'est toujours vous qui vous bourrez le plus ! Chus tanné de vous voir vous plaindre la bouche pleine ! Chus tanné de voir de la nourriture vous sortir de la bouche quand vous me parlez ! Si vous me tournez pas immédiatement le dos pour vous diriger vers la porte, vous allez recevoir c't'assiette-là en pleine face, avez-vous compris ?

AMANDA GARIÉPY. Bon, c'est très bien... si vous le prenez comme ça... J'prends note de tout ça...

GASTON BERGEVIN. Vous pouvez prendre note de tout c'que vous voulez, *ça me fait pus rien* !

Elle sort le plus dignement possible.
Gaston est essoufflé.

ROBERT « BOB » BEAULIEU. Voulais-tu me prouver que-qu'chose en faisant ça, mon Gaston ?

GASTON BERGEVIN. Ça faisait trop longtemps que j'me r'tenais, fallait que ça sorte...

ROBERT « BOB » BEAULIEU. Pis t'as attendu qu'y soit trop tard pour le faire... Au lieu de poser des gestes inutiles, comme ça, rends donc service à tes amis une dernière fois...

GASTON BERGEVIN. Tu lâcheras pas, hein ?

ROBERT « BOB » BEAULIEU. Gaston ! On parle de mon avenir, là !

GASTON BERGEVIN. Bon. Écoute. Puisque tu parles d'avenir...

ROBERT « BOB » BEAULIEU, *le coupant.* C'est parce que j'ai parlé de retraite que tu t'es mis dans c't'état-là, hein ? En fait, Amanda Gariépy m'a sauvé parce que c'est à moi que tu t'en serais pris si est-tait pas arrivée... Prends pas c't'air-là, Gaston, tout le monde le sait que les offres d'emploi te pleuvent pas dessus depuis qu'on a annoncé ton remplaçant pis que tu vas peut-être être obligé de prendre une retraite anticipée.

GASTON BERGEVIN. Y est pas question que je prenne ma retraite ! Chus trop jeune ! Pis chus pas malade !

ROBERT « BOB » BEAULIEU. Qu'est-ce que tu vas faire ? T'es quand même pas pour retourner vendre des voitures !

GASTON BERGEVIN. Arrête de parler de ça ! Pis qui t'a dit ça, toi, que j'aurais de la misère à me trouver une job ! Voyons donc ! J'ai des contacts partout...

ROBERT « BOB » BEAULIEU. T'as des ennemis partout, aussi...

GASTON BERGEVIN. Laisse faire ça. Mes ennemis, j'ai toujours réussi à les écraser... Écoute... j'ai eu une idée...

ROBERT « BOB » BEAULIEU. Toi, ou la ventriloque ?

GASTON BERGEVIN. Bob ! Chus sérieux ! Écoute, on a déjà parlé de ça y a longtemps...

ROBERT « BOB » BEAULIEU. Mon Dieu... j'pense que j'te vois venir...

GASTON BERGEVIN. Laisse-moi parler...

ROBERT « BOB » BEAULIEU. Non, non, non...

GASTON BERGEVIN. Laisse-moi parler !

ROBERT « BOB » BEAULIEU. Y en est pas question !

GASTON BERGEVIN. Bob !

ROBERT « BOB » BEAULIEU. J't'ai dit non ! J't'ai dit non quand t'as appris que tu perdais ta job, Gaston, pis j'te dis encore non !

GASTON BERGEVIN. Ça serait la meilleure solution ! Pour tout le monde !

ROBERT « BOB » BEAULIEU. Pour tout le monde ! Pour toi, oui ! J'te souhaite pas comme partenaire à mon pire ennemi, sais-tu ça, Gaston !

GASTON BERGEVIN. Pourquoi pas ?

ROBERT « BOB » BEAULIEU. Gaston ! T'es pourri jusqu'au trognon, t'es un crosseur invétéré, comment tu veux que j'te fasse confiance !

GASTON BERGEVIN. *J't'ai jamais crossé, toi !* On a crossé ben du monde ensemble, mais j't'ai jamais crossé, toi ! T'es mon ami !

ROBERT « BOB » BEAULIEU. Écoute...

GASTON BERGEVIN. Non, toi, écoute...

ROBERT «BOB» BEAULIEU. Gaston, on se tuerait au bout de deux mois si on devenait partenaires!

GASTON BERGEVIN. Pourquoi? On travaille ensemble depuis assez longtemps...

ROBERT «BOB» BEAULIEU. On travaille ensemble chacun de notre bord, c'est pour ça que ça marche! Mais pas dans le même bureau! On se nuirait, Gaston, on se pilerait sur les pieds, on s'empêcherait de fonctionner...

GASTON BERGEVIN. Pourquoi tu dis toujours ça?

ROBERT «BOB» BEAULIEU. Mais vois-tu d'ici c'que le milieu dirait si on s'associait?

GASTON BERGEVIN. On s'en sacre, du milieu...

ROBERT «BOB» BEAULIEU. On s'en sacre pas, du milieu, on en a besoin! Tu pouvais t'en sacrer quand t'étais ici parce que t'étais le *boss* pis que tu faisais ce que tu voulais à qui tu voulais quand tu le voulais, mais de mon côté à moi, y faut le cultiver, le milieu, Gaston, y baiser le cul pis y'embrasser les pieds! Y faut l'entretenir comme une guidoune pis en prendre soin comme d'un bébé! Tu seras jamais capable de faire ça, toi, t'es trop habitué à faire le grand seigneur avec l'argent des autres!

GASTON BERGEVIN. Tu le feras, toi, t'es bon là-dedans... Moi, j'm'occuperai du reste!

ROBERT «BOB» BEAULIEU. Ben oui, c'est ça, j'vas travailler comme un damné pendant que toi tu vas faire le *cute*?

GASTON BERGEVIN. Tu me dis pas le fond de ta pensée, Bob, j'te connais assez pour le savoir... Tu vas dans tous les sens pour brouiller les pistes, mais tu me dis pas l'essentiel...

ROBERT «BOB» BEAULIEU. O.K., c'est vrai, t'as raison... On a commencé à en parler tout à l'heure... Écoute bien... Dans une association comme celle que je souhaite pas qu'on forme tous les deux, y faut qu'y ait au moins un semblant de confiance mutuelle, ce qui serait pas le cas entre nous. Voilà.

GASTON BERGEVIN. Tu me ferais *vraiment* pas confiance! À moi, ton ami! On s'épaule depuis toujours, on s'est presque mis riches ensemble depuis huit ans... Si j'étais resté en poste quelques années de plus, ça y était... Rappelle-toi quand t'es venu brailler dans mon bureau, y a huit ans! Tu venais de perdre des millions dans j'sais pus trop quelle gamique pis tu voulais te lancer dans la télévision parce que moi je venais d'être parachuté dedans pis que t'avais entendu dire qu'y avait une piasse à faire! C'est moi qui t'ai sauvé, à ce moment-là, mon Bob! J'ai tiré des ficelles, j'ai fait des crosses, j'ai manigancé pis t'es devenu producteur de télévision! Pis t'aurais pas confiance en moi! Excuse-moi de te le rappeler, mon Bob, mais tu m'en dois une en maudit!

ROBERT «BOB» BEAULIEU. Justement, j'connais toutes tes ficelles, toutes tes tractations, tes coups fourrés, tes crosses, tes gamiques, ton cœur de pierre, ton avidité... J'connais ta pingrerie avec ton propre argent pis tes largesses avec celui des autres! Si on devenait partenaires, j'passerais ma vie à te guetter, à repasser derrière toi pour tout vérifier, à me demander chaque matin en me levant si tu m'as pas planté un poignard dans le dos pendant que je dormais... J'aurais peur de pus reconnaître une simple colonne de chiffres parce que t'es passé maître dans le budget nébuleux et les dépenses inexplicables! J'passerais ma vie à avoir peur que Sonia défasse pendant la nuit c'que j'aurais essayé de faire pendant le jour! C'est d'elle que j'aurais le plus peur, Gaston, parce que c'est d'elle que j'ai toujours eu le plus peur, c'est elle, la *bright,* dans vous deux!

GASTON BERGEVIN. Rassure-moi... Dis-moi que t'exagères...

ROBERT « BOB » BEAULIEU. À peine...

GASTON BERGEVIN. J'trouve pas que ton cynisme est ventripotent ni fatigué, Bobby...

ROBERT « BOB » BEAULIEU. C'est malheureusement pas du cynisme, cette fois-là. C'est juste un fait de la vie, la triste réalité. On est un *team* écœurant assis face à face à une table de négociations en train de fourrer tout le monde, Gaston, mais on serait un flop terrible assis un à côté de l'autre en train de bâtir un budget. Avec le fantôme de Sonia entre nous, en plus!

Court silence.

GASTON BERGEVIN. Ben j'ai ben peur que tu sois obligé de m'endurer à tes côtés, mon Bob... moi, pis Sonia, aussi.

ROBERT « BOB » BEAULIEU, *les yeux fermés*. Ben oui, je le sais, j'te vois venir depuis cinq bonnes minutes. C'est gros comme une maison... Tu vas signer mon contrat si j't'accepte comme associé, c'est ça? Le bon vieux chantage primaire et si efficace! Es-tu sûr, au moins, d'avoir vraiment envie de travailler avec moi, ou si tu fais ça juste pour me faire chier? Ou pour être sûr d'avoir une job en sortant d'ici?

GASTON BERGEVIN. C'est mon avenir à moi aussi, Bob, mais j'f'rais pas quequ'chose qui me tente pas juste pour avoir une job... Pour te faire chier peut-être, mais pas juste pour avoir une job... C't'une farce, Bob, fais pas cette tête-là!

ROBERT « BOB » BEAULIEU. C't'un maudit gros ascenseur que j'te renverrais-là, mon Gaston!

Gaston Bergevin baisse les yeux.

ROBERT « BOB » BEAULIEU. Au moins, baisse pas les yeux! Baisse pus jamais les yeux devant moi si on est pour travailler ensemble... R'garde-moi dans les yeux quand tu vas me mentir, quand tu vas me fourrer, quand tu vas me crosser, mais baisse pas les yeux!

GASTON BERGEVIN. Crie pas comme ça!

ROBERT « BOB » BEAULIEU. Sonia attend-tu derrière la porte qu'on se jette dans les bras l'un de l'autre pour rebondir comme un *Jack-in-the-Box*? Hein?

GASTON BERGEVIN. Sonia a rien à voir là-dedans...

ROBERT «BOB» BEAULIEU. Premier mensonge... Mais au moins t'as pas les yeux baissés... T'apprends vite, faut te donner ça.

GASTON BERGEVIN. Arrête de me sous-estimer comme ça, mon Bob, Sonia est pas si importante que ça! J'ai ben de l'imagination pis ben des connexions, tu le sais très bien! Laisse tes peurs ridicules de côté, là, pis écoute-moi bien... Donne-moi deux ans, Bob, trois au plus, pis tu vas voir c'que j'vas faire avec ta compagnie... *Sky rocking,* mon p'tit gars, *sky rocking!* J'vas utiliser toutes les ficelles, tous les secrets que j'ai emmagasinés depuis huit ans, les secrets d'alcôve comme les secrets d'affaires... Le milieu au complet va chanter pis apprendre à me respecter! À respecter notre association! Y a des dizaines et des dizaines de personnes qui me doivent des renvois d'ascenseurs, pis laisse-moi te dire que mon téléphone va se faire aller à partir de lundi prochain... Fais-moi confiance, Bob, *fais-moi confiance!* J'vas fourrer tout le monde, j'vas devenir le producteur le plus haï, le plus redouté, le plus riche du pays, mais j'te toucherai pas, toi, pis j'vas te tirer avec moi! *Sky rocking,* mon Bob!

ROBERT «BOB» BEAULIEU. T'agis déjà comme le boss...

GASTON BERGEVIN. On va écraser le petit Beaugrand-Drapeau comme une punaise, chus sûr qu'y a moyen de le mettre à notre main... On va y faire passer ça, c'te folie des grandeurs-là... Y va vite se rendre compte que personne veut de ses idées de fou... Y doit pas être *totalement* insensible aux pots-de-vin, lui non plus, jamais je croirai! Avec un beau gros chèque aux trois mois, y va peut-être la trouver moins niaiseuse, notre télévision! Y sera pas le premier directeur de station de télévision à oublier ses promesses! Pis on sait pas encore au juste pourquoi y a été nommé ici,

Bob, y a peut-être été piégé ! Si le gouvernement annonce des nouvelles coupures de budget, que notre Nelligan Beaugrand-Drapeau dépense le peu d'argent qui va lui rester en produisant des émissions plates comme ça a l'air d'être son intention, à qui ça va être la faute, si les cotes d'écoute baissent, hein ? Sur qui le gouvernement va mettre le blâme ? Sur lui ! Le nouveau gouvernement me porte pas dans son cœur parce qu'y peut pas faire de moi c'qu'y veut, y ont peur de moi, à Ottawa, parce que j'étais devenu trop puissant, ici, c'est pour ça que j'ai été si cavalièrement remercié de mes services, mais attends que Nelligan fasse ses premières gaffes...

ROBERT « BOB » BEAULIEU. Tu délires, encore... C't'incohérent, c'que tu dis là...

GASTON BERGEVIN. J'te signe ton contrat, mon Bob, on s'associe ben légalement, pis on en profite pour essayer de remettre les pieds ici dedans ! J'connais le moindre rouage de la maison, pis Beaugrand-Drapeau en connaît aucun ! Pis si ça marche pas, on va forcer la porte des télévisions privées ! J'vas me servir de mes connexions pour forcer les subventions... On va produire des émissions de télévision tellement subventionnées que Téléfilm Canada pis la Sogic vont mourir d'anémie !

ROBERT « BOB » BEAULIEU. Justement, Téléfilm Canada pis la Sogic, qu'est-ce qu'y vont dire quand y vont te voir venir travailler avec moi ?

GASTON BERGEVIN. J's'rai pas le premier ancien directeur de station à aller travailler dans l'industrie privée sur un projet qu'y va avoir accepté juste avant de quitter son poste, y sont habitués ! Y a même quequ's'uns de mes prédécesseurs qui sont en poste là-dedans, y savent c'que c'est! Sers-toi de moi, Bob, chus là pour ça!

ROBERT « BOB » BEAULIEU. Mais j'vas-tu encore avoir Sonia dans les jambes pour venir me dire que tout c'que j'produis, que tout c'qu'on va produire ensemble est vulgaire? J'vas-tu avoir ses dames patronnesses sur le dos jusqu'à la fin de mes jours?

GASTON BERGEVIN. Si le pouvoir est dans la vulgarité, a' va vite apprendre à apprécier la vulgarité. Sonia a toujours su voir où était son intérêt...

ROBERT « BOB » BEAULIEU. J'ai bien peur que tu te trompes, là, Sonia est malheureusement sincère dans ses jugements, pis a' reniera pas ses convictions comme ça...

GASTON BERGEVIN. Quand a' sera au bord de déménager oùsqu'on était y a dix ans, a' va nuancer un peu ses jugements et ses convictions, crois-moi...

ROBERT « BOB » BEAULIEU. Fallait-tu vraiment qu'on en arrive là? Te rappelles-tu ce que j'ai fait pour obtenir ma première subvention, y a huit ans? Hein? Tu m'avais demandé de te prouver que je pouvais me débrouiller avant de me donner mon premier contrat... J't'avais dit que j'm'étais arrangé pour rencontrer une sous-ministre qui avait ses entrées à la Sogic pis que j'allais la baiser pour avoir ma subvention, pis on trouvait ça drôle, tous les deux, drôle, pis merveilleux! Le pouvoir! Le pouvoir de la queue! À quarante ans, on retrouvait notre merveilleux cynisme d'adolescence, on se sentait jeunes pis forts... Tu m'avais dit: « Arrive-moi avec ta subvention pis j'te fais un deal... » Un mois plus tard, j'avais baisé la sous-ministre pis j'étais producteur de télévision... On va tous les avoir, qu'on se disait encore... On avait rêvé de devenir des bandits de grands chemins pis on est devenu des bandits de grands chemins ! On produisait en fourrant tout le monde, des auteurs de scénarios mégalomanes jusqu'au plus humble des techniciens, on trouvait ça drôle, on s'amusait comme des petits fous pis on était les maîtres du monde ! Pis aujourd'hui, la sous-ministre que j'avais baisée travaille pour moi à mon bureau de Paris ! J'devrais en être fier, mais ça me fait peur ! Parce que j'ai l'impression d'être en train de me faire faire exactement c'que j'y avais fait à ce moment-là. J'ai l'impression d'être en train de te montrer mon cul pour que tu me baises ! Pour survivre ! Chus la sous-ministre qui va t'apporter la subvention qui va te sauver la vie, Gaston. Pis dans quequ's'années, c'est moi qui vas travailler pour toi dans ton bureau de Paris ! Même pas, chus trop vulgaire, tu vas m'envoyer à Los Angeles !

GASTON BERGEVIN. Prends une Prozac, Bob...

Robert ouvre sa petite fiole, prend quelques cachets qu'il mâche lentement.

ROBERT « BOB » BEAULIEU. Pis Sylvie ?

GASTON BERGEVIN. J'te voyais venir, moi aussi. Si tu tiens tant à y sauver la vie, j'peux ben faire ça pour toi... Pis si y lui font la vie trop dure, ici, a' viendra travailler pour nous autres...

ROBERT « BOB » BEAULIEU. Au moins... merci pour elle. Vas-tu la garder comme...

GASTON BERGEVIN. On verra... Peut-être, c't'une maudite bonne botte, j'espère que tu t'en souviens... *(Il passe son bras autour des épaules de Robert.)* On va tous les avoir, mon Bob...

ROBERT « BOB » BEAULIEU. Oui, on va tous les avoir... Si tu me permets, j'vas aller me reposer, un peu, j'en ai *vraiment* besoin. Ça va peut-être être le dernier moment de repos de ma vie...

Il sort.

La porte de la salle de conférences s'ouvre.
Sonia y passe la tête.
Gaston lève le pouce en signe de victoire.
Elle sourit, referme la porte.

Gaston Bergevin, triomphant, reste seul.

BANFF, JUIN 1993
KEY WEST, DÉCEMBRE 1993, JANVIER 1994
ENTRELACS, JUILLET 1994

CET OUVRAGE A ÉTÉ COMPOSÉ PAR
MÉGATEXTE (MONTRÉAL)

ACHEVÉ D'IMPRIMER
EN SEPTEMBRE 1994
SUR LES PRESSES DES ATELIERS GRAPHIQUES MARC VEILLEUX INC.
CAP SAINT-IGNACE (QUÉBEC)

POUR LE COMPTE DE
LEMÉAC ÉDITEUR

DÉPÔT LÉGAL
1re ÉDITION : SEPTEMBRE 1994
(ED. 01/IMP. 01)